코스피 10000 NEXT LEVEL

코스피 10000 NEXT LEVEL

코스피 10000
NEXT LEVEL

전 국민 주주 시대, 박시동의 실전 투자 비법

박시동 지음

지와인

솔직하게 말씀드리고 싶습니다. 이제 투자 없이는 사는 동안 필요한 수입을 유지할 수 있는 방법을 찾기 어렵습니다. 도발적으로 들릴 수 있지만 현실입니다. 예를 들어 맞벌이 부부의 합산 소득이 7,000만 원에서 8,000만 원 사이라고 합시다. 아이들을 키우면 남는 돈이 얼마나 됩니까? 아이들을 어찌어찌 다 키웠다고 해도 노후는 어떻게 할 것입니까. 직관적으로 어떤 질문인지 느껴지실 겁니다.

게다가 이제 고령화 시대입니다. 앞으로 100세까지 사는 분들이 더 많아지실 겁니다. 그런데 우리는 언제까지 일할 수 있습니까. 2022년 기준으로 한국 임금 노동자의 일자리 퇴직 평균 연령은 49.3세입니다. 절반 가까이가 정년 이전에 비자발적 조기 퇴직을 경험합니다. 45세면 직장에서 밀려나서 자의든 타의든 은퇴를 고민해야 합니다. 연금 수령은 65세부터인데 앞으로 수령 시기가 더 미뤄진다고 합니다. 자, 50세부터 65세까지의 소득 공백기는 어떻게 할 것인가. 65세 이후는 어떻게 할 건가. 이 계획을 냉정하게 세워야 합니다.

노동 소득으로는 생애 수입을 유지하는 데 한계가 있다는 것이 분명합니다. 사업 소득도 사실 마찬가지입니다. 자영업자 600만 명 중 대부분의 형편이 어려운 상황입니다. 웬만한 사람들의 사업 소득이나 노동으로 벌어들이는 소득이 물가 상승률을 따라갈 수 없고, 화폐 가치가 하락하는 추세를 따라잡을 수 없습니다.

이것이 당면한 현실적 문제입니다. 그렇다면 해결책은 무엇입니까? 투자해야 합니다. 집 사느라 대출받은 은행 이자를 갚으면서 아이들을 키우면서 아껴 쓰며 조금씩 모으는 수준으로는 노후 준비가 어렵습니다. 이것은 냉정한 현실입니다. 투자를 한다고 누구나 엄청난 부자가 되는 것은 아니겠지만, 투자를 해야만 자기 위치에서 조금 더 여유롭게 살아갈 수 있습니다.

우리가 미리미리 돈을 벌어두고 싶어 하는 이유는 언젠가 일을 못

하게 되는 경우가 생겼을 때, 적어도 안정적 삶을 유지할 수 있는 만큼의 자금을 마련해두려고 하는 것입니다. 그런데 일해서 번 돈을 저축하는 것만으로는 그 자금을 만들기 어렵습니다. 대졸 직장인 초임이 연봉 4,000만 원이라고 하면, 생활비를 쓰고 순수하게 모으는 돈으로는 10년을 일해도 1억 원을 모으기가 쉽지 않습니다. 그런데 적절한 투자를 병행하여 10년 뒤 모아둔 돈이 2억 원이나 3억 원이 된다면 삶이 훨씬 여유로울 것입니다. 그 사람 입장에서는 일로 수입을 얻는 총 시간을 20~30년은 족히 앞당긴 것입니다.

돈의 가치는 점점 떨어집니다. 돈을 모아서 쌓아만 두는 사람과 돈이 스스로 일하게 하면서 돈을 복사하는 사람과의 격차는 시간이 갈수록 엄청나게 벌어집니다. 그 격차를 줄이는 방법이 투자입니다. 모은 돈을 다른 자산으로 바꿔서 물가 상승률 이상의 수익률에 싱크로나이즈 해야 합니다.

투자 중에서도 주식에 투자해야 합니다. 주식 투자의 강점은 안정성이 아닙니다. 단기적으로는 변동성이 큰 투자일 수 있습니다. 그러나 주식이 다른 투자보다 우위에 있는 이유는 제대로 된 방법으로 실력을 쌓아가면서 장기적으로 할 수 있고, 시간이 지날수록 수익률이 압도적으로 우위에 있기 때문입니다.

제가 강조하는 주식 투자는 한 방에 돈을 벌고 끝내자는 게 아니라,

주식 투자를 통해 부족함을 여유롭게 채워가면서 늘 부자로 남자는 것입니다. 30세 청년이 40세가 되었을 때 1억 원이 아니라 3~4억 원을 가질 수 있고, 다시 50대가 되어 10억 원이 되는 방식으로 경제적 여유를 찾아가라는 것입니다. 주식 투자는 어느 순간 목표액에 도달했다고 끝나는 것이 아니라, 늘 부자로 남기 위해 계속해야 하고, 그렇게 할 수 있어야 합니다.

몇백만 원 정도의 주식을 가진 월급 생활자들이 이 이야기를 진심으로 받아들일 수 있겠습니까? 반문하실 수 있습니다. 시드머니가 없는 청년들이나 월급쟁이들에게 투자가 가당한 이야기냐고 할 수도 있습니다. 그러나 노동 소득이 점점 줄어드는 이 시대에 손을 놓고 있으면 안 됩니다. 일단 한 주라도, 두 주라도 시작해야 합니다. 적은 금액이라도 빨리 시작해야 경험치가 쌓여서 앞으로 1억, 2억, 3억을 운용할 수 있습니다. 목돈이 생길 때까지 아무것도 안 하면 투자를 경험하고 실력을 쌓은 시간을 놓치는 것입니다. 시간만 놓치는 게 아닙니다. 투자를 미루는 사이 내 돈의 가치는 녹아내리고 있습니다. 게다가 이제 대한민국 역사상 몇 안 되는 대세 상승기가 시작되었습니다. 코스피 5000 시대가 이미 열렸고, 상승장은 더 커질 것입니다. 이때 손을 놓고 있으면 자산 격차가 더 벌어집니다.

＊　＊　＊

아직도 주식 투자를 불신하는 분들이 있습니다. 과거에는 주식이 하루아침에 종잇조각이 되는 것에 대한 공포가 있었습니다. 이런 분들의 특징 중 하나가 부동산을 신뢰한다는 것입니다. "땅은 배신 안 한다. 강남 집값이 떨어지는 걸 봤느냐"는 말이 있습니다. 그 경험이 틀린 것은 아닙니다. 지금까지는 그랬습니다. 하지만 이제 다시 생각해야 합니다. 부동산 시대가 끝나가고 있습니다. 왜일까요? 일단 극심한 양극화 때문입니다. 지방의 부동산 시장은 이미 대부분 어렵습니다. 2025년 9월 기준 전국의 아파트 미분양이 약 7만 2,000세대에 달합니다. 대도시인 대구, 광주, 부산 해운대의 미분양률을 두고 전국 최다, 전국 최대 증가율이라는 기사가 연일 나옵니다.

물론 한국이라는 나라가 망하지 않는 이상 부동산 최상급지는 언제나 존재합니다. 수도권에 집중된 인구가 약 2,500만 명인데, 이들이 선호하는 최강의 인프라와 교육이 갖춰진 강남은 안정적입니다. 용산, 성수 같은 젊은 세대들이 좋아하는 핫플레이스도 전망 있는 부동산 지역에 들어갑니다. 한강변, 용산, 여의도, 마포 정도는 상대적으로 안정적인 부동산일 수 있습니다. 이외에 수도권 외곽 지역은 이제 부동산으로 돈을 버는 일이 어렵습니다. 특히 투자용 다

주택자에게 적용되는 정책들이 바뀔 경우 과거에 부동산이 주던 수익률은 기대할 수 없습니다. 2026년 2월, 다주택자 양도소득세 중과 유예 종료가 임박하고, 정부가 부동산 불로소득 공화국을 바로잡겠다는 의지를 피력하자 서울 강남에도 호가를 수십억 내린 매물이 등장했습니다. 이미 수십 억의 양도 차익을 얻은 사람들에게는 몇억을 내려서 파는 게 문제가 안 될 것입니다. 그러나 대다수의 분들은 이제 부동산 만능 시대가 아닌 것을 경험하고 있습니다.

투자의 핵심은 저절로 올라가는 자산 시장과 내 재산의 싱크를 맞추는 것입니다. 그렇지 않은 투자는 현명하지 못합니다. 지금까지는 그 싱크를 맞추는 것이 부동산이었습니다. 최상급지인 서울 일부 지역은 물론 그곳에 접근하기 어려운 나머지 사람들이 선택할 수 있는 지역의 부동산까지, 전국의 부동산이 상승하던 시대가 있었습니다. 하지만 그런 시대는 지났습니다.

그러면 이제 어떤 자산 시장이 올라가고 있을까요? 내 소득을 어떤 자산에 맞추는 게 좋을까요? 비트코인을 선택하고 싶으면 선택하고, 금을 선택하고 싶으면 선택하십시오. 그러나 제가 볼 때 주식에 맞추는 것이 최선입니다. 왜냐하면 대한민국에서 주식이 제대로 평가받는 시대가 드디어 열리기 때문입니다. 이것이 넥스트 레벨입니다.

그동안 강남 부동산은 왜 안정적이었을까요? 제도가 뒷받침했고, 정부가 지원했고, 대출이 가능했고, 전 국민이 단일한 하나의 시장 안에서 참여했기 때문입니다. 시장 참여자가 늘 공급되었습니다. 반면 주식은 왜 제대로 평가받지 못했을까요? 제도가 엉망이고, 정부가 손을 놓고, 전 국민이 참여하지 않았기 때문입니다. 그렇게 자산 시장이 저평가되어 있었기 때문입니다. 이것이 바로 코리아 디스카운트라는 것입니다.

전 세계가 이 사실을 알고 있습니다. 글로벌 투자은행 모건스탠리는 2023년 리포트에서 "한국 기업들의 주주 환원율이 MSCI 선진국 평균 48%에 비해 29%에 불과하다"고 지적했습니다. 《파이낸셜 타임스》는 2024년 사설에서 "한국 재벌 기업들의 복잡한 지배 구조와 낮은 배당 성향이 투자자들을 멀어지게 만든다"고 분석한 바 있고, 미국의 금융 정보 기업인 《블룸버그》는 삼성전자가 글로벌 반도체 시장을 주도함에도 PER(주가 수익 비율)이 대만 TSMC의 절반 수준에 불과한 현상을 코리아 디스카운트의 대표 사례로 다뤘습니다.

재벌들의 일방적 경영, 주주 경시 풍조 등 그간 한국에서 주주 자본주의라는 개념은 사실상 존재하지 않았다고 해도 과언이 아닙니다. 그러나 이제 사람들이 조금씩 생각을 바꾸고 있습니다. 부동산에 대해서는 대세가 끝날지도 모른다고 여기고, 주식에 대해서는 이제 안 할 수 없다고 생각하는 시대로 가고 있습니다. 주식 투자를 요행으로 여기는 것이 아니라 좋은 기업에 투자하면 실적 기반으로 수익이 나온다고 생각합니다.

이 책의 핵심 메시지가 이것입니다. 지금 시대가 급변하고 있습니다. 이 대변화의 시기를 놓쳐서는 안 됩니다. 대한민국 역사에서 흔치 않을 2025~2026년에 시작된 대세 상승장입니다. 그러면 이때 어떻게 할 것인가. 주식을 1도 모르는데 들어가서 망하면 어떻게 하느냐는 공포를 이겨내고, 어디서 들은 정보를 가지고 엉망으로 투자하지 말고, 제대로 된 방법으로 지속 가능한 투자를 시작하십시오. 이를 위한 쉽고 좋은 안내서가 필요하다 생각되어 이 책을 썼습니다.

이 책은 어려운 경제 이론보다는 실전에서의 노하우를 중심으로 꼭 알아야 할 핵심만을 담으려고 했습니다. 그리하여 한번 시도해 보고 그만두는 주식 투자가 아니라, 하면 할수록 더 잘할 수 있다는 스스로에 대한 믿음과 습관을 만들기를 바라며 썼습니다.

무엇보다 주식 투자를 생활 언어로 설명하는 책입니다. 그간 국민들이 주식 투자를 어려워했던 데는 주식과 관련된 용어, 개념의 장벽이 너무 컸다고 생각합니다. 어려운 용어를 많이 안다고 주식 투자의 원리를 더 잘 아는 게 아닙니다. 평범한 말로 설명해야 절대 잊어버리지 않고, 원칙들을 더 잘 이해하고 실천할 수 있습니다. 그간 제가 '주식 아가'들을 위한 강의를 다닌 것도 일부만 부자가 되어 격차가 더 커지는 사회가 아니라 모두가 부자가 될 수 있는 사회를 만들기 위한 것이었습니다. 이 책은 모두를 위한 주식 투자 설명서입니다. 이 책을 통해 반드시 기회를 잡기를 바랍니다.

6   주식의 종류와 투자 전략

7 섹터별 투자 전략

1

KOSPI 10000

NEXT LEVEL

코스피 1만 시대가 온다

코스피 1만, 믿고 준비합시다

코스피 2300이 불과 9개월 전입니다. 5000이 정말 도달 가능한 목표일까 의심하고, 불가능하다고 조롱까지 했었습니다. 그러나 새 정부 출범 6개월 만에 코스피 5000을 찍었습니다. 이런 폭발적 성장이 일시적일까요. 그렇지 않습니다. 앞으로 4년 안에 코스피 1만 시대, 충분히 도달 가능합니다.

글로벌 투자은행 JP모건은 2026년 2월 3일 발표한 〈한국 주식 전략 보고서〉에서 코스피 기본 목표치를 6000으로, 강세 시나리오에서는 7500까지 가능하다고 제시하며 "한국은 아시아 지역 내 최우선 비중 확대 시장"이라고 평가했습니다.

씨티은행 역시 같은 달 코스피 목표치를 기존 5500에서 7000으로 대폭 상향 조정했으며, 국내에서는 NH투자증권이 2026년 2월 5일 12개월 선행 목표치로 7300을 제시하고, KB증권이 장기 강세장 시나리오에서 7500 도달 가능성을 공식화했습니다. JP모건의 강세 시나리오와 KB증권의 목표치가 7500선에서 일치합니다. 신한투자증권은 반도체 이익 극대화를 가정할 경우 2026년 코스피가 최대 7860까지 상승할 수 있다는 전망을 발표했습니다. 코스피 7000은 이미 가시권 안으로 들어오고 있다는 시장의 공감대가 형성되고 있는 것입니다.

사실 많은 이들이 2300에서 5000까지 너무 빠르게 압축적으로 올라가서, 아직 얼떨떨해합니다. 우리가 발을 딛고 서 있는 땅이 어디인지 잘 모를 수 있습니다. 코스피 5000 시대를 충분히 여유 있게 미리 준비하지 못했기에 투자를 망설였던 분들, 미국 주식을 접고 국내 주식으로 돌아올 기회를 놓치신 분들, 주식보다는 부동산이나 코인에 투자하신 분들, 한국에서 제대로 된 재산 증식은 불가능하다며 재테크를 포기하고 욜로의 삶만 살자던 분들이 많습니다. 이제 1만 시대가 기다리고 있는데, 똑같은 실수를 해서는 안 됩니다.

코스피 1만은 단순히 5000의 두 배 성장만을 의미하지 않습니다. 한국 기업의 성장, 한국 경제의 질적 변화, 한국 국민의 삶의 양태까지 엄청난 것들을 바꿀 겁니다. 그 변화를 믿고 준비하고 함께 해야 합니다. 그러면 코스피 1만이 정말 가능한가. 왜 가능한지 그 이유를 하나하나 알아봐야합니다.

① | 경제성장률 회복, 한국 기업의 회복

증시도 경제의 일부입니다. 한국이라는 큰 배, 한국호를 경제성장률이라 합시다. 그 한국호 위에 올려진 부분 중 하나가 증시입니다. 윤석열 정부 3년 동안 한국 경제는 곤두박질쳤습니다. 2025년에 겨우 0점대를 모면한 턱걸이 1%로 마무리하면서 27년 만에 일본에게도 뒤지는 저성장 성적표를 받았습니다. 한국호가 길을 잃고 있다, 한국호가 엔진이 꺼져가고 있다는 의미였습니다.

가라앉을 배에 남아 있을 사람은 없었습니다. 외국인 투자자들이 먼저 뛰어내렸습니다. 2024년 8월부터 9개월간 이어졌던 역대 최장기 외국인 증시 자금 유출이 그것입니다. 동학개미도 마찬가지입니다. 희망을 버렸습니다. 지난 3년 동안 동학개미의 48%가 우리 증시를 탈출했습니다.

그런데 한국의 경제성장률이 회복하고 있습니다. 2026년 들어 한국 경제는 저점을 지나 회복 국면에 진입하고 있습니다. 이제 한국은행, KDI. IMF 등 주요 기관은 2026년 성장률을 2%를 상회하는 수준으로 전망하고 있습니다. 글로벌 투자은행들은 2.3%까지 전망치를 지속적으로 상향하고 있습니다.

여기에 AI부터 에너지 산업까지 국가가 전면에 나서서 적극 키운다고 합니다. 앞으로 정부가 재정 지원을 잠그지 않고 재정이 성장의 마중물 역할을 하면서, 강한 성장 전략을 5년간 가져간다면 그 안에 충분히 한국호 1만 포인트라는 목적지에 도착할 수 있습니다. 그 목적지를 견인하는 곳들이 어딜까요. 국민 모두가 보고 있듯이 반도체를 비롯한 우리 기업들입니다.

2026년 1월 초, 증권가에서는 삼성전자의 목표가를 20만 원으로, 현대차를 85만 원으로 상향 조정하는 보고서가 쏟아져 나오기 시작했습니다. 주요 내용을 살펴보면 다음과 같습니다.

삼성전자 : **과거와 다르다**

삼성전자는 AI 반도체 수급 불균형 속에서 HBM(고대역폭 메모리)

시장 주도권을 완전히 탈환했습니다. 메모리 사이클의 정점을 찍고 있습니다. 2026년 삼성전자 영업이익 전망치가 얼마인지 아십니까? 최대 180조 원이라는 경이로운 수준으로 상향 조정되었습니다. 이는 D램(휘발성 메모리) 가격이 106% 올랐고, 낸드(비휘발성 메모리)는 91% 상승할 것이라는 분석에 근거합니다.

과거 삼성전자의 주가는 경기를 따라서 왔다 갔다 했습니다. 그런데 2026년 삼성전자는 다릅니다. HBM4 가격 협상에서 우위를 점했고, 파운드리 부문 수율도 안정화되었습니다. 이제 '수주형 산업'으로 체질이 바뀐 겁니다. 수주를 미리 받아놓고 만들면 되니까 안정된 실적이 예측 가능해진 것입니다. 삼성전자는 2026년 1분기 영업이익만 31조 원이 달하는 어닝 서프라이즈가 예고되고 있습니다. 시장은 삼성전자의 PER(주가 수익 비율)을 과거 10배 수준에서, 이제 글로벌 선진 IT 기업처럼 15~18배로 재평가하고 있습니다.

SK하이닉스 :　　　　제조업 역사상 전무후무한 수익성

SK하이닉스는 도저히 믿을 수 없는 실적이 나옵니다. 2026년 영업이익 147조 원, 영업이익률 72%라는 제조업 역사상 유례없는 수익성을 기록할 것으로 전망됩니다. 어떻게 이렇게 될 수 있었을까요?

메모리 산업이 '선수주, 후증설' 구조로 고착화되면서 공급 부족이 만성화되었습니다. 이로 인해 SK하이닉스의 실적 가시성이 확 높아졌습니다.

모건스탠리를 비롯한 글로벌 투자은행들이 SK하이닉스의 목표 주가를 150만 원까지 파격적으로 올렸습니다. 이는 2026년 예상 수익의 5.3배에 불과한 밸류에이션으로, AI 수요가 메모리 공급을 계속 흡수함에 따라 추가적인 멀티플 확장Multiple Expansion이 가능하다는 평가입니다. 기업의 실적이 크게 오르지 않아도 시장이 더 높은 가치를 인정하는 주가 상승이 일어날 수 있다는 것입니다. SK하이닉스의 약진은 코스피 지수 1만 달성의 든든한 버팀목이 되고 있습니다.

현대자동차 : 더 이상 자동차 회사가 아니다

현대자동차는 이제 단순한 완성차 제조사가 아닙니다. 전기차와 로보틱스를 결합한 모빌리티 솔루션 기업으로 테슬라를 위협하는 유일한 경쟁자로 재평가받고 있습니다. KB증권은 현대차의 목표 주가를 80~85만 원 사이로 제시했습니다. 현대차의 로보틱스 계열사인 보스턴다이내믹스의 기업 가치를 130~140조 원으로 산정했습니다.

현대차 주가가 언제 가파르게 올랐는지 아십니까. CES 2026에서 휴머노이드 로봇 아틀라스를 공개하고 실제 공장에 투입하겠다는 계획까지 발표된 이후입니다. 시장은 이제 현대차를 피지컬 AI 기업으로 봅니다. 밸류에이션 리레이팅이 진행되고 있는 겁니다.

금융주 :　　　　　　　　　　　　　밸류업 정책의 핵심

금융주의 경우, 과거의 저低PBR 함정에서 벗어나 밸류업 정책의 핵심축으로 부상했습니다. KB금융과 신한지주 회사가 무엇을 하고 있습니까. 자사주 소각과 배당 확대를 통해 주주 환원율을 50% 이상으로 끌어올리고 있습니다. KB금융의 목표가는 16.8만 원, 신한지주는 10.5만 원 목표가에 도전하고 있습니다. 이는 은행권이 과거의 예대마진(대출금리와 예금금리의 차이)을 중심으로 한 수익 구조를 넘어 비은행 부문에서 수익을 다각화하고, 철저하게 주주 중심 경영을 실천한 결과입니다.

이런 기업들이 한국 주식 시장을 어떻게 이끌지를 정리해보면 다음의 표1-1과 같습니다.

삼성전자

2026년 1월 기준 목표 주가	200,000원
주요 상승 모멘텀	AI 반도체 공급 독점 및 HBM4 수율 안정화
밸류에이션 지표(예상)	PER 15배, PBR 2.0배
코스피 시총 비중(추정)	22.5%

SK하이닉스

2026년 1월 기준 목표 주가	1,500,000원
주요 상승 모멘텀	영업이익률 72% 달성 및 수주형 산업 전환
밸류에이션 지표(예상)	PER 12배, PBR 3.5배
코스피 시총 비중(추정)	12.0%

현대자동차

2026년 1월 기준 목표 주가	850,000원
주요 상승 모멘텀	보스턴다이내믹스 가치 반영 및 피지컬 AI
밸류에이션 지표(예상)	PER 10배, PBR 1.2배
코스피 시총 비중(추정)	6.5%

KB금융	
2026년 1월 기준 목표 주가	168,000원
주요 상승 모멘텀	수수환원율 50% 달성 및 자사주 소사 확대
밸류에이션 지표(예상)	PBR 0.8배 이상
코스피 시총 비중(추정)	3.2%

삼성SDS	
2026년 1월 기준 목표 주가	230,000원
주요 상승 모멘텀	AI 데이터센터 건립 및 클라우드 매출 급증
밸류에이션 지표(예상)	PER 22배, PBR 2.5배
코스피 시총 비중(추정)	1.8%

코스피 지수가 1만 포인트에 도달하기 위해서는 현재 약 5,000조 원 수준인 시가 총액이 획기적으로 팽창해야 합니다. 그게 가능한지 살펴보겠습니다. 2026년 1월, 코스피가 5000선을 넘어서 시가 총액이 약 4,800조 원 규모에 도달했다고 가정하면, 1만 포인트 달성을 위해서는 약 8,500조 원에서 9,000조 원의 시가 총액이 필요합니다. 그러면 이 시가 총액이 가능한지를 검증해보겠습니다. 이걸 검증하려면 주요 종목별 지수 기여도를 보면 됩니다.

삼성전자와 SK하이닉스가 목표 주가인 20만 원과 150만 원에 도달할 경우, 두 종목의 합산 시가 총액은 약 3,500조 원에 육박하게 됩니다. 이는 전체 목표 시가 총액의 약 40%를 차지하게 됩니다. 반도체 섹터의 이익 성장이 지수 전체를 견인하는 슈퍼 모멘텀으로 작용하게 되는 것입니다. 여기에 현대차와 금융주 그리고 급성장하는 방산 및 AI 전력주들의 시가 총액 합계가 더해지면 코스피 1만은 산술적으로 충분히 실현 가능합니다.

③ | 우리가 산다 : 국민연금의 국내 주식 비중 상향

그간 국내 주식 시장이 불안했던 이유는 우리가 우리를 안 샀기 때문입니다. 그러니 외풍에 많이 흔들리는 겁니다. 우리가 미리 많이 사놓으면 우리가 주인이고, 손님인 외국인이 우리 눈치를 보게 됩니다. 그러나 지금까지 우리 시장에서는 외국인 투자자들의 영향력이 커서 그들이 기침만 해도 우리 주식 시장이 몸살을 앓습니다. 외국 기관의 직원들도 한국 와서 몇 달만 지나면 자기들이 갑노릇을 해도 된다는 것을 배웁니다. 그런데 이제 우리가 우리를 사는 큰 자금이 시장에 들어옵니다. 우선 국민연금입니다.

국내 증시의 큰 손인 국민연금의 자산 배분 전략이 변하고 있습니다. 이 변화는 지수 1만 달성을 위한 결정적 퍼즐 조각과 같습니다. 국민연금은 기금 규모 1,450조 원을 돌파하며 연못 속 고래로 불릴 만큼 절대적인 영향력을 행사하고 있습니다.

과거 국민연금은 국내 주식 비중을 2029년까지 13% 수준으로 낮추려는 계획을 가지고 있었습니다. 그런데 2026년 초 긴급 기금 운용위원회를 통해 국내 주식 목표 비중을 14.4%에서 14.9%로 상향 조정하는 방침을 통과시켰습니다. 여기에 전략적 자산 배분(SAA· ±3%포인트)과 전술적 자산 배분(TAA· ±2%포인트) 이탈 허

용 범위를 최대한 적용하면 국내 주식을 최대 19.4%까지 투자할 수 있습니다. 이를 통해 시장의 매수세를 촉발시켰습니다. 이러한 비중 상향은 지수가 급등함에 따라 국민연금이 기계적으로 주식을 팔아야 하는 상황을 방지하고 오히려 상승장에서 시장을 지지하는 역할을 수행하기 위함입니다.

기금운용위원회가 2026년 1월에 긴급 회의를 소집한 것은 5년 만의 일입니다. 이는 정부가 코스피 상승 추세를 유지하겠다는 강력한 의지를 시장에 전달한 것으로 해석됩니다. 연기금의 이러한 수급 뒷받침은 기관 투자자 전반의 심리를 호전시키며 머니 무브money move의 기폭제가 되고 있습니다.

④ | 우리가 산다 : 퇴직연금 기금화

여기에 더해 정부가 500조 원 규모의 퇴직연금 기금화를 추진하고 있습니다. 이건 한국 증시에 대규모 자금 유입이 이루어질 거라는 뜻입니다. 현재 퇴직연금 적립금의 82.5%는 원리금 보장 상품에 묶여 있습니다. 그래서 연 수익률이 3.67%에 그치고 있습니다. 주식 등 실적 배당형 상품의 수익률은 9.96%로 약 3배 차이가 나는 만큼, 기금형으로 전환되면 주식 비중 확대가 불가피합니다.

기금형의 도입으로 어느 정도 규모의 자금이 주식 시장으로 이동할지는 운용 전략과 적립금 추이, 기금형 활성화 정도에 따라 다를 겁니다. 그러나 계약형에서 기금형으로 이동이 많을수록, 기금형 내에서 실적 배당형 비중이 높을수록 증시로의 머니 무브는 가속화될 것입니다.

자본시장연구원에 따르면 이런 변화로 인해 국내 주식 투자금액이 현재 약 6조 3,000억 원에서 73조 원까지 늘어날 수 있다고 합니다. 2040년 퇴직연금 적립금이 1,540조 원으로 성장하면 그중 10%만 국내 주식 시장에 투입돼도 150조 원 이상의 자금 유입이 일어난다는 겁니다.

그간 우리는 퇴직연금에 관심이 없었습니다. DC형이 무엇인지, DB형이 무엇인지 제대로 아는 사람이 얼마나 될까요. 주식은 수백만원 어치만 사놓고도 하루에 몇 번씩 들여다보면서, 그 거대한 퇴직연금은 그냥 묵혀둔 겁니다. 퇴직연금 10년 평균 수익률 2.31%입니다. 물가 상승률만 생각해도 그냥 돈을 썩히고 있는 겁니다.

미국 영화나 드라마를 보면 퇴직연금으로 일시에 부자가 되는 사람들이 나옵니다. 미국에서는 1980년대에 퇴직연금제도 401K가 등장하면서 자산 시장에 일대 혁명이 일어납니다. 미국의 대표적 확정기여형(DC) 퇴직연금 제도인 401K 가입자 가운데 잔액이 100만 달

그림 1-1 퇴직연금 적립금 추이

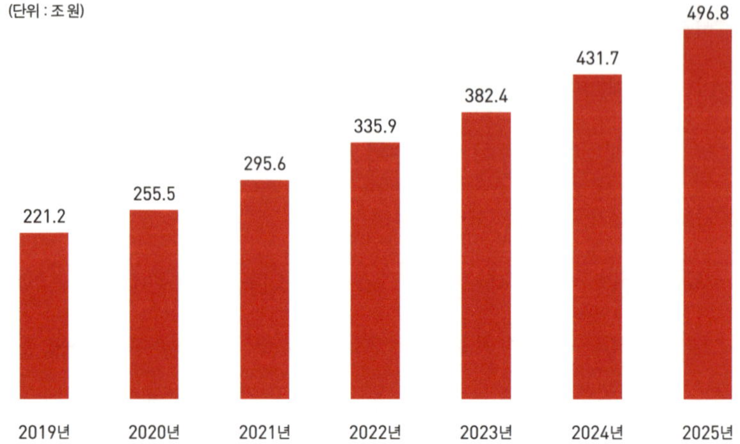

(단위 : 조 원)
496.8
431.7
382.4
335.9
295.6
255.5
221.2
2019년 2020년 2021년 2022년 2023년 2024년 2025년
자료 : 고용노동부, 금융감독원

그림 1-2 퇴직연금 운용 방법별 적립금 비중 추이

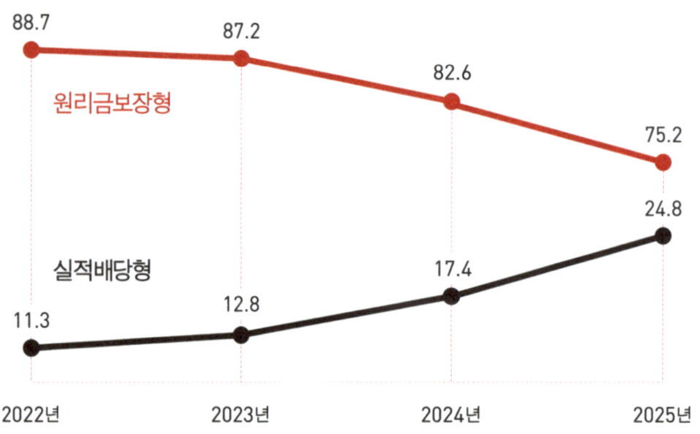

(단위 : %)
88.7
87.2
82.6
75.2
원리금보장형
실적배당형
11.3
12.8
17.4
24.8
2022년 2023년 2024년 2025년
자료 : 고용노동부, 금융감독원

러를 넘는 계좌는 2025년 3분기 기준 약 65만 4,000개로 역대 최대입니다. 바로 이런 게 주식투자 시장에서 복리의 마법이 만들어내는 결과입니다. 이런 변화가 한국에서도 일어나려고 한다는 것입니다.

⑤ | 우리가 산다 : 미장 나갔다 돌아오는 개미

우리가 우리를 사려면 미국 증시로 나갔던 국내 투자자들이 국내 증시로 돌아와야 합니다. 2025년까지 국내 투자자들 중 미국 주식에 투자하는 서학개미는 역대 최대치를 경신했습니다. 코스피 5000을 달성했으니 이미 이들이 국장에 다 돌아온 거 아닐까요? 아닙니다. 아직 돌아올 서학개미가 많이 남아 있습니다. 2020~2021년 코스피 3000 돌파를 이끌었던 동학개미 열풍 이후, 국내 증시 부진과 미국 증시 강세가 겹치면서 개인 투자자 자금이 대거 해외로 빠져나갔습니다. 2025년 6월 기준으로 코스피가 3100을 돌파했지만 투자자 예탁금의 시가 총액 대비 비중은 2.3%로, 동학개미운동 당시 최고 수준인 3.4%에 미치지 못하고 있습니다. 동학개미가 서학개미로 전환된 자금은 최대 2,200억 달러(약 322조 원) 수준이고, 2025년 연간으로도 국내 주식은 11조 원 넘게 순매도하여 해외로 돈이 계속 나갔습니다.

2025년 말 이재명 정부가 국내시장 복귀계좌(RIA) 도입을 발표한 것도 이 때문입니다. 해외주식 매각 후 국내 주식에 1년 이상 장기투자하면 양도소득세를 한시적으로 감면하는 것입니다. 아직 이 혜택을 누리기 위해 돌아오는 개인 투자자들은 충분하지 않습니다. 그러나 여러 측면에서 보았듯이 이들이 돌아올 수밖에 없는 상황으로 가고 있고, 이들이 돌아왔을 때의 폭발력은 엄청날 것입니다.

게다가 2026년 한국 자본시장이 선진화되고 밸류업 프로그램이 성과를 내면서 원화 가치가 오르기 시작하면, 해외에 나가 있던 투자 자금이 국내로 돌아오는 요인은 더 커질 수 있습니다. 원화 가치가 오르면 환차손 걱정이 커지기 때문입니다. 환차손이 무엇인지 설명해드리겠습니다. 가령 제가 1억 원을 달러로 바꿔서 미국 주식에 투자했다고 합시다.

환율 1,400원일 때 1억 원을 71,428달러로 바꿈
→ 나중에 원화로 바꿀 때 환율이 1,200원으로 떨어짐
→ 71,428달러 × 1,200원 = 8,571만 원

이렇게 되면 미국 주식이 그대로여도 저는 1,429만 원을 손해봅니다. 이게 환차손입니다. 환차손 걱정이 커지면 어떻게 될까요. 원화

가치가 오르면(환율 하락)→이거 환차손 보겠네→해외 자산 팔고 원화 자산으로 갈아탐→더 많은 돈이 원화로 몰림→원화 가치 더 오름→환율 더 떨어짐. 이렇게 연쇄 반응이 일어나게 됩니다. 이걸 자기실현적 예언이라고 합니다. 원화가 오를 것 같아→다들 원화로 바꿈→진짜 원화가 오름→봐, 내 말이 맞았지? 이런 반응이 일어 날 수 있습니다.

2026년은 한-미 금리 역전 현상이 축소되는 국면으로 진입할 것으로 보입니다. 2026년 말 한국의 정책 금리는 2.25%, 미국은 3.25% 수준으로 전망되고 있습니다. 이러한 금리 차 축소는 내외 금리 차에 의한 자본 유출 압력을 낮추어 원화 강세를 뒷받침할 것 입니다.

⑥ | 머니 무브 : 금융권에서 일어난다

2026년 초부터 은행에서 증시로 돈이 폭발적으로 이동하고 있습니 다. 코스피가 전 세계에서 가장 빠른 상승세를 보이면서, 5대 시중 은행의 정기예금과 적금에서 수십조 원의 자금이 빠져나와 증권 계 좌로 이동했습니다. 왜 이런 일이 벌어졌을까요? 예금 금리보다 증 시의 기대 수익률이 압도적으로 높다는 인식이 확산된 결과입니다.

일시적 현상이 아닙니다. 구조적 변화입니다.

앞에서 봤듯이 퇴직연금과 개인연금의 운용 방식이 바뀌고 있기 때문입니다. 과거에는 원리금 보장형 상품에만 넣어뒀는데, 앞으로 실적 배당형 상품으로 대거 전환되는 구조적인 흐름을 형성하고 있습니다. 증시 대기 자금인 고객 예탁금이 사상 최고치를 경신하고 있습니다. 이 돈은 코스피 지수 1만 달성 과정에서 발생하는 일시적인 조정을 방어하고, 상승 압력을 가중시키는 불씨가 되고 있습니다.

이렇게 금융권에 쌓여 있던 자본이 이제 주식 시장을 거쳐 산업 자본으로 흘러 들어가고 있습니다. 이러한 흐름은 한국 경제 전체의 역동성을 회복시키는 동력이 되고 있습니다. 쉽게 말하면 은행에 잠 자던 돈이 깨어나서 기업으로 흘러가고 있다는 얘기입니다. 이게 바로 경제가 살아나는 신호입니다.

⑦ | 머니 무브 : 부동산에서 주식으로

2024년 기준 한국 가계의 비금융자산(주로 부동산) 비중은 64.5% 로 미국, 일본, 영국 등 주요국 가운데 압도적으로 높습니다. 미국은 32%, 일본은 36.4%, 영국은 51.6% 정도입니다. 우리나라는 자산 비중이 부동산은 약 65%, 금융자산은 약 35%이니 7 : 3 정도가 됩니다. 정확히 미국의 자산 비중과 반대입니다. 미국은 3 : 7입니다.

이게 5 : 5 정도만 되어도 어떤 일이 벌어질까요? 예측을 위해 우선 서울 아파트에 묶인 돈이 얼마인지 한번 살펴봅시다. 2025년 말 기준으로 서울 아파트 시가 총액이 1,832조 원입니다. 이게 얼마나 큰 돈인가 하면, 코스피 전체 시가 총액이 약 4,000조 원입니다. 서울 아파트 시장이 한국 주식 시장 전체의 약 46%에 달하는 겁니다. 거의 절반입니다. 그런데 이 1,832조 원이 다 실거주자의 자산이 아닙니다.

2024년 기준으로 서울 전체 가구 중 자가점유율은 44%입니다. 절반이 넘는 가구가 자기가 살지 않고 다른 이들에게 전세나 월세로 내주고 있습니다. 서울 거주 2주택 이상 보유 가구는 약 51만 가구입니다. 이들이 보유한 추가 주택 규모는 정확히 집계되지 않았지만, 상당수가 투자, 임대 목적으로 보유하고 있습니다.

묶여 있던 이 거대한 부동산 자산이 움직이려 하고 있습니다. 변화의 조짐이 나타나고 있습니다. 부동산 시장의 기대 수익률 하락과 세제 부담 가중 그리고 밸류업 정책으로 인한 증시의 매력이 부각되면서 부유층을 중심으로 자산 배분의 변화가 일어나고 있습니다.

KB금융이 낸 〈2025 한국 부자 보고서〉에 따르면 금융자산 10억 원 이상을 보유한 부자들의 2025년 투자 기조를 분석한 결과, 주식을 가장 유망한 투자처로 꼽는 비중이 급증했습니다. 단기(향후 1년) 유망 투자처로 주식을 선택한 비율이 55%에 달했고, 중장기(향후 3~5년) 전망에서도 주식 선호가 49.8%로 크게 증가했습니다.

부동산 자산 중 거주용 주택과 상가 건물의 비중은 소폭 감소하는 반면, 주식 및 채권 등 금융자산의 비중이 확대되면서 코스피 시장으로의 상시적인 자금 유입 통로가 확보되었습니다. 이러한 자산 구조의 변화는 국내 증시의 체력을 보강하고 있습니다.

만약 부동산 보유세 강화, 가액 기준 단일 세율 등 세제 정책이 바뀌고, 임대사업자 혜택이 종료되면 이 자산은 더더욱 국내 증시로 이동하게 될 것입니다. 그 유동성 변화는 상당할 것입니다. 지금 주택담보대출의 증가세가 꺾이고 있는 것도 이와 관련된 신호입니다.

이런 사례는 해외에서도 찾을 수 있습니다. 중국도 부동산 규제 강화 이후 자금이 주식 시장으로 대거 이동했습니다. 2020년 8월, 시진핑 정부는 부동산 기업들에게 이른바 삼도홍선三道紅線을 제시했습니다. 총자산 대비 부채비율 70% 이하, 자기자본 대비 부채비율 100% 이하, 보유 현금이 단기 채무를 상회할 것, 이 세 가지 레드라인을 넘으면 부동산 대출을 막았습니다. 구호도 명확했습니다. "집은 주거의 대상이지 투기의 대상이 아니다."

이 정책이 방아쇠를 당겼고, 부동산 시장 침체로 갈 곳 잃은 가계의 거대 자본이 주식 시장으로 대거 이동하기 시작했습니다. 그 결과 중국 증시는 크게 성장했습니다. 정책의 변화로 인해 부동산에 묶여 있던 자금이 방향을 바꾸면 어떻게 되는지 보여주는 사례입니다. 한국 가계의 자산 구조도 부동산 중심에서 금융 자산 중심으로 대이동하는 빅 시프트가 현실화되면, 코스피에 상당한 상승 압력이 작용할 것입니다.

⑧ │ 글로벌 자금이 몰려온다

우리가 우리를 사는 것에 이어, 외국인들도 우리를 사러 옵니다. 한국 주식 시장이 '넥스트 레벨'로 올라가게 될 것이기 때문입니다. 이 넥스트 레벨의 가장 확실한 카드는 바로 한국의 세계국채지수(WGBI) 완전 편입입니다. 세계국채지수는 글로벌 지수 제공업체인 영국 파이낸셜타임스 스톡익스체인지(FTSE) 러셀이 운영합니다. 한국은 2024년 10월 편입이 확정되었고, 2026년 4월부터 11월까지 단계적 편입이 이루어져 2026년 말에는 전체 편입 비중이 완전히 채워진 상태로 운영됩니다. 세계국채지수에서 한국이 차지하는 비중은 약 2.2%가 될 것입니다.

세계국채지수 완전 편입이 중요한 것은 글로벌 패시브 자금Passive

Fund의 움직임때문입니다. 패시브 자금이란 투자자가 직접 종목을 선택하거나 시장을 분석하지 않고, 특정 지수나 기준을 자동으로 추종하는 방식으로 운용되는 투자 방식을 말합니다. 대표적인 형태로 상장지수펀드(ETF)와 인덱스 펀드가 있습니다. 전 세계 패시브 자금은 세계국채지수를 추종하는데, 약 2.5조 달러 규모로 추산됩니다. 한국의 세계국채지수 편입 비중을 고려하면 약 500달러(약 80조 원)의 외국인 자금이 국채 시장으로 유입됩니다.

이 자금은 장기 자금입니다. 각국 중앙은행이나 국민연금 같은 큰 연기금들인데, 이 자금들은 한번 투자하면 10년, 20년 장기로 갑니다. 단기 투자자들처럼 조금 떨어진다고 후다닥 빠지지 않습니다. 그러면 어떻게 될까요. 이 돈들이 한국 국채를 사려면 달러를 팔고 원화를 사는 거래가 일어납니다. 70~80조 원어치 달러가 시장에 쏟아지는 겁니다. 그럼 달러 가격은 내려가고(환율 하락), 원화 가치는 올라갑니다(원화 강세).

이렇게 되면 환율이 급등하려고 해도 이 큰손들이 계속 달러를 팔고 원화를 사니까 환율이 쉽게 못 올라갑니다. 환율의 바닥을 받쳐주는 겁니다. 마치 아파트값이 떨어지려고 할 때 부자들이 계속 사주면 가격이 안 떨어지는 것과 같습니다. 이런 상황이 되면 한국 증시에 외국인 투자자들이 더 안정적으로 투자하게 될 것입니다.

여기에 더 중요한 것은 MSCI 선진국 지수 편입입니다. MSCI는 미국 투자은행 모건스탠리가 만든 글로벌 주가지수 산출 기관입니다. 전 세계 투자자들이 나라별 지역별 주식 시장 성과를 비교할 때 기준으로 삼는 지수를 만드는 곳으로, 전 세계 약 16조 달러 규모의 자금이 이 지수를 따라 움직입니다.

MSCI는 전 세계 주식 시장을 선진국(DM), 신흥국(EM), 프런티어(FM) 세 등급으로 나눕니다. 한국은 경제 규모로는 선진국 수준이지만 외환 시장 접근성 등의 이유로 아직 신흥국으로 분류되어 있습니다. MSCI 신흥국(EM)에는 중국, 인도, 대만, 브라질, 인도네시아 등 24개국이 함께 포함됩니다. 2024~2025년에 걸친 신흥국(MSCI 신흥국(EM))과 한국(코스피) 시장의 연간 수익률을 비교하면 표1-2와 같습니다.

표 1-2 신흥국과 한국 시장의 연간 수익률(2024~2025)

	MSCI 신흥국(EM)	코스피
2024년	+7.50%	-9.6%
2025년	+33.57%	+75%

한국이 신흥국이 아닌 선진국 지수에 편입되면 어떻게 될까요? 여기서 핵심은 신흥국 지수 제외에 따른 유출과 선진국 지수 편입에 따른 유입의 차액입니다. 글로벌 투자은행과 연구기관은 이렇게 계산하고 있습니다.

자본시장연구원(KCMI)

한국 비중을 2.4%로 가정할 경우, 유입액 3,410억 달러에서 유출액 3,050억 달러를 뺀 순유입 규모를 최대 360억 달러(약 45조 ~50조 원)로 추정.

골드만삭스

보다 공격적인 전망. 최대 440억 달러(약 75조 원)의 추가적인 외국인 포트폴리오 자금이 한국 시장으로 들어올 것으로 내다봄.

UBS

패시브 자금의 기계적 리밸런싱만으로도 약 240억 달러(약 34조 원)의 순유입이 발생할 것으로 분석하고 있음.

2026년 1월 기준 분석에서 약 6조 원의 순유입을 예상하되, 한국 기업들의 시가총액이 증가할 경우 그 효과는 기하급수적으로 커질 수 있다고 강조함.

쉽게 말해서 이렇습니다. 지금까지 한국은 신흥국 카테고리에 있었습니다. 글로벌 자금들은 신흥국에 투자하기 위해 한국 주식을 샀습니다. 그런데 이제 한국이 선진국 카테고리로 올라갑니다. 그러면 선진국에 투자하려는 훨씬 더 큰 돈이 한국으로 들어옵니다.

신흥국 카테고리에서 선진국 카테고리로 이동하면, 나가는 돈보다 들어오는 돈이 훨씬 많습니다. 왜냐하면 선진국 펀드가 신흥국 펀드보다 5~6배나 크기 때문입니다. 그 차액이 최소 6조 원에서 최대 75조 원입니다. 이건 코스피 시장 전체 시가 총액의 약 2~3%에 해당하는 막대한 규모로, 지수 전체를 한 단계 끌어올리는 강력한 상방 압력으로 작용합니다.

세계국채지수 편입으로 국채 시장에 70~80조 원이 들어오고, MSCI 선진국 편입으로 주식 시장에 최소 6조 원에서 최대 75조 원이 들어옵니다. 이 두 가지가 합쳐지면 엄청난 규모의 외국인 자금 공습입니다. 이 돈들이 단기 투기 자금이 아니라 각국 중앙은행과 연기금 같은 장기 자금이라는 게 핵심입니다. 한번 들어오면 쉽게 안 빠져나갑니다.

⑨ | 시장선진화, 우리는 3년 안에

우리 주식 시장이 더 좋아질 가능성은 또 있습니다. 이제 드디어 거버넌스 개혁이 실시될 것이기 때문입니다. 거버넌스 개혁은 주주, 이해관계자 중심의 의사결정 구조를 강화해 자본시장 저평가를 해소하고 정책 신뢰와 공공 투명성을 높이는 제도 개선을 뜻합니다.

일본 증시를 보면 거버넌스 개혁이 정말 중요하다는 걸 확실하게 알 수 있습니다. 2012년 아베 총리가 취임하면서 일본은 기업지배구조를 완전히 뜯어고치겠다고 선언했고, 그 뒤로 10년 동안 꾸준히 밀어붙였습니다. 첫 단계는 제도부터 정비했습니다. 2014년에 스튜어드십 코드를 만들었습니다. 이게 무엇이냐 하면 연기금 같은 큰손 투자자들한테 "당신들이 돈 넣은 회사가 제대로 경영하는지 감시하고 목소리 내세요"라고 의무를 준 겁니다. 그다음 해인 2015년엔 기업 거버넌스 코드를 만들어서 회사들한테도 "주주를 생각하면서 경영하세요"라고 원칙을 정해줬습니다.

당시 일본 기업들은 문제가 많았습니다. ROE(자기자본이익율)는 낮고, 회사 금고엔 현금만 쌓여 있고, 경영진은 주가에 관심도 없었습니다. 그런데 이 코드들이 도입되면서 잠자던 주주들이 깨어나기 시작했습니다. "우리 돈으로 뭐 하는 거냐"고 경영진한테 따지기 시작한 것입니다.

결정적 전환점은 2023년 3월이었습니다. 도쿄증권거래소(TSE)가 PBR 1배 미만인 회사들한테 직구를 날렸습니다. "왜 너희 회사 주가가 이 모양이냐? 어떻게 개선할 건지 구체적인 계획 내놔라"고 요구한 겁니다. 그냥 권고가 아니었습니다. 계획을 제출하지 않거나 계획에 성의 없으면 기업명을 공개해서 투자자들이 알 수 있게 하겠다고 일종의 협박을 했습니다.

그러자 일본 기업들이 움직이기 시작했습니다. 역대급 규모로 자사주를 사들이고, 배당금을 확 늘렸습니다. 이익이 안 나는 사업부는 과감하게 정리했습니다. 결과는 놀라웠습니다. 2024년 기준 일본 상장사 평균 ROE가 9.1%까지 올라갔습니다. TSE가 목표로 제시한 8%를 넘어선 겁니다. 닛케이225 지수는 2024년에 4만 포인트를 돌파했고, 2025년 10월엔 5만 포인트까지 뚫었습니다. 1990년 버블 이후 34년 만의 최고치입니다.

특히 중요한 건 글로벌 투자자들이 몰려들기 시작했다는 겁니다. 워런 버핏 같은 전설적 투자자도 일본에 큰 자금을 넣었습니다. 거버넌스가 글로벌 스탠다드에 가까워지니 일본 주식은 살 만하다는 평가가 생긴 겁니다.

일본이 12년 걸린 일을 한국은 3년 안에 할 수 있다고 봅니다. 이유는 두 가지입니다. 첫째, 법적 강제성이 다릅니다. 일본은 거래소가 가이드라인을 만들고 기업들이 자발적으로 따라주길 기다렸습니다. 반면 한국은 2025년 상법을 개정해서 이사의 충실 의무를 법으로 정했습니다. 이를 안 지키면 법적 책임을 지는 겁니다. 강제력이 훨씬 강합니다.

둘째, 학습 효과가 있습니다. 일본은 시행착오를 거치며 10년이 걸렸지만, 한국은 일본의 사례를 보고 어떻게 해야 주가가 오르고 외국인 자금이 들어오는지를 이미 알고 있습니다. 한국 기업 경영진들도 일본의 사례를 이미 다 살펴보았습니다. 시험을 치기 전에 답안지를 먼저 본 상태인 겁니다. 그러니 적응 속도가 일본보다 빠를 수밖에 없습니다. 이게 바로 밸류업 정책이 코스피 1만을 만들 수 있는 핵심 근거입니다. 일본이 이미 증명했고, 한국은 더 빠르고 강력하게 밀어붙일 수 있는 조건을 갖췄습니다.

거버넌스 개혁에 더해 이제 세제 개편도 이루어집니다. 첫째, 배당소득 분리과세가 이루어지면 어떻게 될까요. 지금 한국 기업들은 번 돈의 23%만 배당으로 줍니다. 미국은 40%, 유럽은 50%가 넘습니다. 배당과 자사주 소각을 합친 주주환원율로 보면 격차는 더 극적입니다. 미국 92%, 한국 29%로 3배 차이가 납니다.

왜 이렇게 됐을까요? 한국에서 배당을 많이 받으면 금융소득종합과세로 최고 49.5%까지 세금을 물립니다. 배당을 많이 줄수록 대주주와 고액 주주가 손해를 봅니다. 기업 입장에서도 대주주 입장에서도 배당을 늘릴 이유가 없었던 겁니다. 그러니 돈을 회사 금고에 쌓아두는 게 훨씬 유리했습니다.

배당소득 분리과세가 되면 이게 바뀝니다. 배당을 많이 줘도 세금 폭탄을 맞지 않으니, 기업들이 배당을 늘리기 시작합니다. 배당이 늘어나면 주가에 든든한 바닥이 생깁니다. 배당률 이하로는 주가가 잘 안 떨어집니다. 배당만으로도 은행 금리보다 나은 수익이 나오기 때문입니다. 포트폴리오의 하방이 지지되는 겁니다.

여기서 더 중요한 변화가 생깁니다. 지금까지 한국 증시는 사고파는 시세 차익을 노리는 시장이었습니다. 장기로 보유하고 있을 이유가 없었습니다. 그런데 배당이 두둑해지면 이야기가 달라집니다. 가지고 있으면서 매년 배당을 받으며 기다리는 전략, 즉 장기 보유가 가능해집니다. 주식에서 쉽게 자금을 빼지 않고 모아두는 투자 문화가 생깁니다.

외국인 투자도 늘 것입니다. 외국인 투자자 입장에서도 똑같이 배당수익률이 안정적이고 세제도 정비되면, 한국 주식을 사놓고 배당을 받으면서 장기 보유할 이유가 생깁니다. 지금처럼 언제 빠져나갈지 모르는 외국인 단기 투기 자금이 아니라, 장기 투자 자금이 들어오기 시작합니다. 그러면 국내 주식 시장의 질이 달라지는 겁니다.

정리하면 이렇습니다. 배당소득 분리과세→기업의 배당 확대→주가 하방 지지→장기 투자 문화→외국인 장기 자금 유입. 이런 연쇄 변화를 만들어냅니다. 단순한 세제 혜택이 아니라 한국 증시의 체질 자체가 바뀔 겁니다. 그러면 더 많은 투자자들이 한국 주식 시장에 들어오게 될 것입니다.

더 큰 것도 준비되고 있습니다. 바로 주가 누르기 방지법입니다. 이거 정말 엄청난 것입니다. 이재명 대통령은 코스피 5000을 돌파한 날 SNS에 "상속세를 아끼기 위해 주가를 억지로 낮춰놓다니, 최대한 신속하게 개정하겠습니다”라고 올렸습니다. 이는 주가 누르기 방지법 추진 의지를 공개적으로 밝힌 것입니다.

한국 증시에서 PBR 1배 미만 기업이 얼마나 되는지 아십니까. 67%나 됩니다. 이 말은 주가가 기업 가치를 반영하지 못하고 있다는 것입니다. 주가가 올라가지 못하게 기업이 누르고 있다는 것입니다. 최근 한국 증시가 폭등하면서 상황이 많이 바뀌긴 했지만, 코스피 대형주 중에서도 PBR이 1배 미만인 기업들이 있습니다. 포스코홀딩스, 현대자동차, KB금융 등입니다. 중소형주와 지주사는 이 문제가 특히 심각합니다.

지금 한국에서는 주가가 낮을수록 상속세가 줄어듭니다. 상장 주식은 시가로 상속세를 매기기 때문입니다. 그러니 대주주 입장에서는 경영권 승계를 앞두고 주가를 일부러 낮게 유지하는 게 이익입니다. 계열사 간 이상한 주식 거래, 유상증자, 합병, 분할 등 이런 것들로 주가를 눌러놓는 겁니다. 그 피해는 고스란히 소액주주들의 몫이 되는데, 이것이 코리아 디스카운트의 핵심 원인 중 하나였습니다.

주가 누르기 방지법은 이걸 차단하는 겁니다. PBR이 0.8 미만이면 시가가 아니라 비상장회사 방식으로 상속세를 매깁니다. 주가를 눌러봐야 세금이 안 줄어듭니다. 대주주한테 주가를 누를 이유가 없어지는 겁니다.

일본이 이 정책을 먼저 시행했습니다. 2023년 3월에 도쿄증권거래소가 PBR 1배 미만 기업들한테 개선책을 내놓으라고 압박했습니다. 강제 퇴출이 아니라 압박이었습니다. 그런데 어떤 결과가 나왔을까요. 불과 4개월 만에 닛케이 PBR이 1.18배에서 1.57배로 뛰었습니다. PBR 1배 미만 기업 비중이 51%에서 44%로 줄었습니다. 외국인 자금이 7조 엔이 순매수로 쏟아져 들어왔습니다. 닛케이 지수가 24.8% 올랐습니다. 34년 만의 신고점이었습니다.

한국 정부는 그보다 훨씬 강력한 카드를 꺼내려는 겁니다. 거래소 압박이 아니라 세법으로 주가 누르기의 동기 자체를 없애버리는 겁니다. 법안이 통과되면 저PBR 지주사들, 지금까지 눌려 있던 기업들의 주가가 움직이기 시작합니다. 일본보다 출발점이 더 낮으니까 반등 여력은 더 클 것입니다.

아직 국회 문턱을 못 넘었습니다. 재벌들 반발이 엄청난 것은 당연합니다. 수십 년간 누려온 특권이 사라지는 거니까요. 그러나 이재명 정부에서 전 국민 주주 시대가 열리면, 이 압박을 기업이 견뎌내기 어려울 겁니다. 그리하여 이 법안이 실시된다면, 한국 증시를 완전히 다르게 만들 수 있습니다.

코리아 디스카운트가 해결되고 있다

앞에서 살펴본 이런 변화들은 오래된 코리아 디스카운트 문제를 해결할 것입니다. 이미 변화는 시작되고 있습니다. 이는 코스피 PBR의 변화만 봐도 알 수 있습니다. PBR은 주가를 주당 순자산으로 나눈 값으로, 회사를 지금 당장 청산했을 때 주주가 돌려받을 돈보다 주가가 얼마나 높은지를 보는 지표입니다. 코스피 PBR은 2025년 1월 기준인 0.88배보다 2배 가까이 높아져 2026년 1월 기준 1.49배를 기록했습니다.

그럼에도 선진국 평균 3.7배, 신흥국 평균 2.0배와 비교하면 여전히 낮은 수준입니다. 코스피 지수가 5300일 때 코스피 PBR은 약 1.6~1.7배로 추정됩니다. 신흥국 평균의 약 80% 수준까지 격차가 좁혀진 상태지만, 여전히 올라갈 여지가 남아 있습니다.

그간 PBR이 낮은 게 혹시 기업 실적이 나빠서가 아니냐고 묻는 경우도 있었습니다. 그러나 한국거래소는 매년 5월 코스피 시장과 해외 주요 시장 투자 지표 비교를 공식 발표합니다. 2024년 결산을 기준으로 2025년 5월 7일 발표된 자료에 따르면 표1-3과 같습니다.

국가	PBR
미국	4.8배
인도	4.0배
대만	2.6배
영국	1.9배
중국	1.5배
일본	1.5배
한국(코스피200)	0.8배

국가/지수	PER
미국(S&P500)	19.6배 (2025.10 블룸버그)
일본(닛케이225)	17.4배
선진국 평균	21.3배
신흥국 평균	15.2배
한국(코스피200)	11.0배

표1-3를 보면 PER도 11배로 신흥국 평균(15.2배)보다 낮습니다. 실적 대비로도 저평가, 자산 대비로도 저평가되어 있습니다. 변명의 여지가 없는 겁니다. 이렇게 PBR이 점점 올라가고 있고, 올라갈 여지가 많이 남아 있다는 것이 국내 주식 시장을 견인할 것입니다.

투자하는 시대가 기업도 나라도 바꾼다

이런 변화들은 전 국민 주주 시대를 열어갈 것입니다. 모든 사람이 투자하는 시대가 되면 예전과 무엇이 달라질까요. 기업들이 국민의 뒤통수를 치지 못합니다. 이제까지는 재벌 총수가 무슨 짓을 하든 상관없었습니다. 그런데 이제는 주주들이 기업에게 정신 차리라고 요구하게 됩니다. "배당금이 이번에 왜 줄었어? 배당 수익 6%를 보고 은행에 예금하는 대신에 너희 회사 주식을 샀는데, 이익이 어떻게 된 거야?" 이런 주주들의 목소리가 커지게 됩니다.

가령 기업들의 승계 문제도 달라질 것입니다. 그간 우리 기업은 심각한 문제가 있는 사람도 회장 아들이라는 이유로 자연스럽게 회장 자리에 앉습니다. 미국 같은 나라에서는 상상도 못 할 일입니다. 기업 CEO의 전과 기록, 약물복용 여부 등을 다 조회하고 주주들에게 공개합니다. 주주들이 기업 운영에 관심이 많기 때문입니다.

주주들이 기업 운영에 관심을 가지게 되면 어떤 변화들이 있을까요. 일단 터널링(자금 빼돌리기)을 하기가 어렵게 됩니다. 다수의 소비자들을 대상으로 하는 기업일수록 잘못된 결정을 하기가 어려워집니다. 가령 본인이 네이버 주주라고 생각해보십시오. 2026년 1월 '국가대표 AI 프로젝트'로 불리는 '독자 파운데이션 모델(독파모)'

선정 사업에서 네이버가 탈락했습니다. 주주들이 난리가 났습니다. 한국 1등 기업이 왜 떨어지냐, 왜 중국 기술을 사용했냐(혹은 사용했다고 오해를 받고도 제대로 대응을 못 했느냐)고 항의하는 목소리가 큽니다. 이럴수록 네이버는 더 정신을 차리게 됩니다.

그간 대기업에서 심각한 문제가 되었던 회사 쪼개기, 물적분할은 더욱 어려워질 것입니다. 그동안 우리 증시는 수익을 내는 회사가 주주에게 이익을 돌려주지 않기 위한 행태를 많이 보였습니다. 그러나 미국의 기업들은 다릅니다. 그러니 미국 증시로 자금이 빠져나갔던 것입니다. 예를 들어 구글을 보십시오. 구글의 계열사들은 모두 '알파벳'이라는 이름 아래 모여 있습니다. 구글도 유튜브도 수익이 나면 그 가치가 알파벳이라는 주식에 그대로 담겨 있습니다. 그러니 주가가 높고 안정적입니다.

그러나 그간 한국은 달랐습니다. 카카오 주가가 38~40만 원 했는데, 5~6만 원이 되었습니다. 이게 어찌된 일입니까. 알짜 기업을 빼내서 상장하고 분리하니 껍데기만 남은 것입니다. 그러나 전 국민 투자 시대가 되면 이런 일이 어려워집니다.

최근 각광받은 회사가 LS전선입니다. AI 시대가 되면 전력, 전선 산업이 매우 중요해집니다. 그런데 LS 전 회장이 문제를 일으켰습니다. 자금 조달이 필요해서 자회사를 추가 상장하겠다고 했습니다. 이에 대해 주주들이 문제를 제기하니 "문제라고 생각하면 주식을 사지 않으면 된다", 사실상 '사기 싫으면 사지 마'라고 한 겁니다. 농담이 아닙니다. 우리 기업이 주주들을 이렇게 함부로 대할 수 있었던 이유는 기업에게 주인답게 관심을 가지고 문제를 제기하는 주주들이 많지 않았기 때문입니다. 전 국민 투자 시대로 나아갈수록 기업의 이런 횡포는 어려워질 것입니다.

전 국민이 투자하는 시대가 되면, 국민들이 경제만이 아니라 정치에도 관심을 더 세밀하게 가지게 됩니다. 정부의 작은 결정 하나에도 주식 시장이 얼마나 큰 영향을 받는지를 더 많은 국민들이 체감하게 되면, 제대로 된 정책과 정치를 요구하는 목소리가 커질 것이고, 정치적 선택의 방향도 달라질 것입니다.

선순환은 이미 시작되었다

이런 선순환이 우리 경제를 튼튼하게 만듭니다. 코스피 5000으로 선순환은 이미 시작되었는데, 코스피 1만 시대가 되면 우리 기업은 더 살아날 것입니다. 주가만 오르는 것이지 실제 기업이 잘되는 것과 관계 없지 않냐고 생각할 수도 있습니다. 그러나 기본적으로 주식은 기업에 투자하는 것입니다. 투자자가 많아지면 기업도 살릴 수 있습니다. 기업 경영이 양질화될 수 있습니다. 그간 우리 기업들은 주주를 무시하고 거추장스럽게 생각했습니다. 대기업은 중소기업을 억압하고, 기술을 빼먹고, 우리의 법은 중소기업을 보호하지 못했습니다. 대기업은 자금이 필요하면 은행에서 쉽게 대출을 받고, 공적자금을 넣어서 대마불사大馬不死로 살아왔습니다. 한국의 기업들은 매우 기형적으로 성장하고 유지되어 왔습니다.

그런데 자본 시장이 건전해지고 튼튼해지면 어떻게 될까요? 기업들이 자금을 주식 시장을 통해 조달할 수 있게 됩니다. 과거에는 이런 식이었습니다. 가령 삼양식품이 불닭볶음면을 더 많이 만들어야 합니다. 그래서 공장을 추가로 짓는 데 5,000억 원이 들어간다고 합시다. 그래서 유상증자 5,000억 원을 하겠다고 발표합니다. 그런 발표가 나면 그간 우리 주식 시장에서 투자자들은 어떻게 반응했습니까. 기업이 유상증자로 자금을 빼서 상속하려는 게 아닌지 의심합니다. 그래서 돈을 안 모아줍니다.

그러면 기업은 회사채를 발행하든가 은행에서 대출을 받는 수밖에 없습니다. 그 금액이 크기란 어렵습니다. 그런데 한국 기업들과 경쟁 관계에 있는 미국, 중국의 기업들을 살펴보십시오. 예를 들어 2차전지 경쟁사인 중국 기업들, 자동차와 관련 있는 BYD, 배터리 관련 중국의 CATL 같은 회사들은 추가 투자가 필요하고 공장을 지을 자금이 필요하면 홍콩이나 중국 시장 중 하나를 선택해 바로 유상증자를 합니다. 그러면 하루 만에 4~5조 원을 조달합니다. 이것이 자본 시장의 순환입니다. 기업의 투자 방향을 믿는 투자자들이 신뢰를 가지고 돈을 모읍니다. 그 자금으로 기업은 공장을 짓고 기업 가치를 더 올립니다.

우리 주식 시장이 선진화되면 한국의 기업들도 주주를 무시하고 은행에서 특혜 대출을 받아 어렵게 자금을 마련하는 것보다, 자본시장에서 조달하는 것이 더 큰 규모로 자금 조달을 할 수 있다는 것을 알게 될 것입니다.

지금 삼성전자와 SK하이닉스가 용인에 반도체 공장을 지으려고 합니다. 용수 문제, 전기 문제를 해결해야 합니다. 300조 원, 500조 원과 같은 대규모 자금이 필요합니다. 이런 큰 자금 조달을 증시를 통해 하는 순간 도리어 기업이 힘을 얻습니다.

이런 시장이 되면 이재용 회장에게 국민들은 이렇게 말할 수 있게 됩니다. 정유라에게 말 사주고 국민연금 동원해서 기업 합병하고 상속세 안 내려고 한 것보다, 매출 잘 내서 주가를 띄우는 것이 더 낫지 않느냐. 상속세를 안 내려고 애쓴 것보다, 이런 방식으로 6개월 만에 수십 조원을 벌 수 있는 게 아니냐. 이렇게 말하게 될 것입니다. 기업 입장에서도 불법으로 1조 원 정도의 자산을 겨우 올리는 것이 소용이 없음을 깨닫게 될 것입니다. 오히려 사법 리스크를 제대로 해결하고, 성장하는 자본 시장에 맞추어 기업의 실적을 올리는 데 집중하는 게 훨씬 낫다는 것을 알게 될 것입니다.

다시 바이 코리아!

지금까지 살펴본 바 한국의 주식 시장은 역사적 대세 상승장에 들어섰습니다. 세계 증시의 역사를 보면 이런 드라마틱한 상승이 초유의 일은 아닙니다. 지난 역사를 보면 여러 사례로 검증되어 있습니다. 미국 나스닥 100은 지난 10년간 연평균 18% 상승했습니다. 10년이면 원금이 5배가 넘습니다. 일본은 아베노믹스 첫해인 2013년 단 1년에 57% 폭등했습니다. 그게 끝이 아니었습니다. 이후 2020년까지 꾸준히 올라 결국 3배가 됐습니다. 대만은 2019년부터 2021년까지 3년 연속으로 매년 23%씩 올랐습니다. 한 해도 아니고 3년 내내 상승했습니다.

한국 증시에도 드라마틱한 상승기가 있었습니다. 우선 노무현 정부 5년 동안 코스피가 185% 올랐습니다. 592포인트에서 출발해 1686포인트로 끝났습니다. 중국 경제가 폭발적으로 성장하면서 한국 제품을 무한대로 사주었기 때문입니다. 자동차, 가전 등 모든 분야에서 수출이 급증했습니다. 중국에 직접 수출은 물론 중간재 수출도 많이 했습니다. 2007년에는 코스피 사상 첫 2000포인트를 돌파했습니다.

그다음은 바로 코로나 팬데믹 때입니다. 2020년 3월에 코스피가 1457까지 주저앉았는데 연말에 2873이 되었습니다. 9개월 만에 2배로 올랐습니다. 그해 세계 주요국 증시 상승률 1위가 한국이었습니다. 당시 한국의 증시가 무너질 것이라고 생각했지만, 우리나라는 전자상거래가 강했고 세계적으로 코로나에 잘 대응했습니다. 온라인이 발달한 나라였기 때문에 격리의 시대임에도 불구하고 배달의민족 같은 서비스들의 매출이 오히려 더 늘어났습니다.

이런 변화에는 공통점이 있습니다. 구조가 바뀌거나 판이 바뀔 때 일어난 일입니다. 아베노믹스는 정책이 바뀐 것이고, 대만은 반도체 슈퍼사이클이 시작된 것이었습니다. 코로나 펜데믹 때는 유동성이 폭발한 것입니다.

지금은 어떻습니까. 앞에서 살펴본 수많은 기회와 변화가 동시에 움직이고 있습니다. 반도체 주도주의 성장을 비롯하여 기업 밸류업이 시작되고 있습니다. 국내 주식 시장에 퇴직연금 등과 같은 거대한 자금이 투여되고 있습니다. 거버넌스 개혁, 세제 개편을 통한 변화도 시작되고 있습니다.

이러한 극변기, 대변동기가 자주 오지는 않습니다. 지금이 바로 그 시기입니다. 6개월 만에 주가가 두 배가 올랐습니다. 여기서 다시 두 배가 되면 1만입니다. 6개월에 두 배를 경험했는데, 왜 앞으로 5년 남은 이재명 정부에서 두 배가 안 될까요? 이런 드라마틱한 상승장은 10년에 한 번, 20년에 한 번 올까 말까 하는 대세 상승장입니다. 이런 기회에 주식 투자를 제대로 해야 합니다.

물론 반대로 드라마틱하게 떨어지는 시기도 있었습니다. 코로나를 극복하고 난 다음에 주식 시장이 엉망이 되었습니다. 그 이유를 이제 우리 국민들은 알 것입니다. 바로 윤석열 정부 때문이었습니다. 중국과 갑자기 관계를 단절한다고 하여, 대중국 무역적자를 보았습니다. 미국에 가서는 굴욕적인 협상을 했습니다.

코로나 때 동학개미운동으로 자금이 우리 증시로 들어왔는데, 증시를 엉망으로 만들고 모든 경제 지표를 망쳤습니다. 동학개미들이 열심히 투자했지만 추가적인 모멘텀이 없었습니다. 윤석열 정부 동안 삼성전자를 비롯한 한국의 주요 기업들이 2년 동안 법인세를 내지 못했습니다. 적자였기 때문입니다. 우리 산업의 잠재성장률이 꺾이고 한국이 미래가 없을 것처럼 보였습니다.

정부가 R&D 예산도 다 깎고, 여기에 인구절벽 현상까지 더해지면서 장기적으로 한국이 좋아지고 있다는 신호를 주지 못했습니다.

기업들은 죄다 미국에 가서 투자한다고 하니, 국내 경제는 엉망이었습니다. 정치는 엉망이었습니다. 당시에 부자들만이 아니라 보통 사람들까지 "내가 이 나라를 못 떠나더라도 내 자산만이라도 이민 보내자"고 생각하게 되었습니다.

이것이 '달러 이민'의 실체입니다. 예금도 달러로, 주식도 미국 주식으로, 안전자산도 미국 금거래소의 금 선물로 투자했습니다. 그만큼 한국 투자 시장에 대한 신뢰가 무너진 것입니다. 그러나 이제는 굳이 달러 이민을 갈 필요는 없습니다. 도리어 한국을 사야 합니다. 진정 바이 코리아Buy Korea의 시대입니다.

국내 주식 시장이 조정될 것이라고 말하는 사람도 있습니다. 1년, 2년, 5년 사이에 단기적이고 일시적 조정은 있을 수 있겠지만 결국에는 코스피 1만 시대까지 가게 되는 변화들이 기다리고 있습니다. 너무 늦은 게 아닌가, 지금 들어가도 되나? 이런 생각이 드실 겁니다. 하지만 5년 뒤를 생각해보십시오. '그때라도 들어갈 걸' 하는 생각이 들 것입니다.

그러나 이 대세 상승장의 기회를 '운'으로 잡을 수는 없습니다. 노력해야 하고 공부해야 하며, 제대로 해야 합니다. 투자의 원칙을 지켜야 합니다. 자기 확신도 없이 묻지마 투자를 하면 극변기에도 손해를 보게 됩니다. 제대로 된 투자자로서의 마인드를 가져야 하고, 투자자가 되기 위해 제대로 된 방법으로 공부해야 합니다. 상승장이니까 무엇이든 사기만 하면 올라갈 거라고 믿는 것은 투자가 아니라 미신에 가깝습니다. 그렇다면 주식 투자를 어떻게 해야 하는 것일까요. 어떻게 해야 코스피 1만 시대로 가는 그 길에 나도 함께할 수 있을까요. 이제부터 주식 투자 공부의 절대 원칙을 알아보겠습니다.

KOSPI 10000 NEXT LEVEL

K O S P I   1 0 0 0 0

2

투자의 첫 스텝

왜 좋은 정보를 받아도 실패할까

제대로 된 주식 투자를 하려면 일단 마인드셋이 제일 중요합니다. 마인드셋이 안 되어 있으면 뭘 알려줘도 안 됩니다. 제가 강의 현장에서 뭔가를 알려드립니다. 나중에 똑같은 분들에게 얼마나 수익이 나셨는지 물어보면 10%의 분들은 돈을 버는데 90%의 분들은 오히려 돈을 잃습니다. 그 이유부터 바로잡아야 합니다.

투자의 첫 스텝 : 마인드셋

강의를 해보면 제대로 된 공부보다는 "뭘 사야 하나요? 좋은 소스 없나요?"라는 질문을 결국 제일 많이 하십니다. 맞습니다. 우리 모두는 소위 '정보'에만 신경이 쏠려 있습니다. 그런데 좋은 정보를 알아도 대다수가 실패하는 그 놀라운 일은 어떻게 일어나는 것일까요. 패턴이 있습니다.

여러분이 잘 아는 '하이브'를 예로 들어 보겠습니다. 실제로 하이브의 주가는 30만 원이 넘지만, 30만 원이면 너무 금액이 크다고 겁먹으실까 봐 설명을 위해 그냥 3만 원이라고 가정하겠습니다. 강의에서 "지금 들어가서 한두 달 후면 4만 원이 되니까 3만 원에 들어가서 4만 원에 나오십시오. 너무 욕심내지 마시고요. 한두 달에 30% 수익이면 괜찮지 않습니까"라고 알려드렸다고 가정해보겠습니다. 그 이야기를 200명이 들었다고 합시다. 그 이후 1주일 안에 실제로 투자한 사람이 몇 명이나 될까요?

놀랍게도 거의 없습니다. 이유가 있습니다. 생업에 바빠서 들어가는 걸 깜빡했다가 대부분의 이유입니다. 그중에는 왜 하이브여야 하는지 이유를 찾으면서 교차 검증하느라 시간을 보낸 분들도 계십니다. 사돈의 팔촌까지 찾아서 주식 좀 아는 사람을 기어코 찾아내서 하이브라는 회사가 어떤 것 같은지, 어디서 들었는데 호재가 있는지 검증 좀 해달라며 알아보는 데 시간을 다 보냅니다.

그리고 일주일쯤 지나서 불현듯 정신이 듭니다. ‘맞아. 지난주에 하이브 3만 원에 사서 4만 원에 나오라고 들었던 것 같은데.’ 놀라서 차트를 확인합니다. 부리나케 차트를 확인하는 순간 주가는 이미 3만 8,000원이 되어 있습니다. 이때 여러분은 어떻게 할 것 같습니까? 그렇습니다. 이때 들어갑니다.

이런 상황을 수없이 봤습니다. 예외가 없습니다. 들어갑니다. 분명히 3만 원에 들어가서 4만 원에 나오라고 했는데 3만 8,000원이라는 것을 확인했는데도 많은 분들이 들어갑니다. 내가 산 그다음 날에 어떻게 될까요? 내가 들어가는 순간 3만 5,000원이 됩니다. 그러면 내가 사면 꼭 떨어진다고 생각합니다.

3만 5,000원이 되는 순간 무슨 생각이 들까요? 그렇습니다. 손절매입니다. 주식 교육을 받았는데, 손절매를 꼭 지켜야 한다고 했어. 지금 떨어지고 있으니 무섭다. 3만 5,000원에 일단 팔자. 이렇게 매도 버튼을 누릅니다.

그다음 날 어떻게 될 것 같습니까? 그렇습니다. 예외가 없습니다. 다음 날 3만 9,000원이 됩니다. ‘미치겠다. 내가 팔면 오른다더니’ 라고 생각합니다. 3만 9,000원이 되는 순간 고민을 많이 합니다. 어제 괜히 팔았네, 이거 오르는데, 다시 올라탈까? 이런 고민을 한 다음에 어떻게 할 것 같습니까. 그래, 4만 원까지는 간다고 했고, 지금 올라가고 있잖아. 다시 들어가자는 생각에 예외 없이 매수에 들어갑니다.

그런데 이 불타기 매수에 들어갈 때쯤 되면 이미 주식 투자가 미신의 영역으로 넘어가 있습니다. '주식이 별거냐. 기세다. 네가 이기나 내가 이기나 해보자! 내 기세면 이길 수 있을 것 같아. 추격이다.' 이런 마음으로 투자 의지는 활활 타오르지만, 뭐가 뭔지 모르는 상태로 뒤죽박죽 오기만 남아 있는 거죠. 심지어 4만 원에 들어가는 분들도 있습니다. 그다음 날 어떻게 될까요?

그다음 날은 올라갑니다. 의외라고 생각하실 수도 있겠지만, 실제로 더 상승합니다. 4만 4,000원까지 올라갑니다. 제가 세미나에서 4만 원 정도 목표가를 말했다면 속마음으로는 더 위를 생각했을 겁니다. 안전마진 차원에서 매우 보수적으로 4만 원을 말했을 거고, 주가는 4만 원 이상으로 잘 올라간 거죠. 그래서 4만 4,000원까지 가는 것을 보고 10%를 벌었다며 기분이 좋아집니다. 4만 원에 들어가서 4만 4,000원이 되었는데 나올 마음이 생기지 않습니다. 더 두고 봅니다. 기분이 좋으면 더더욱 두고 보게 됩니다.

그런데 주식은 생물입니다. 다음 날 전혀 생각하지 못한 돌발 변수가 생깁니다. 갑자기 "민희진과 방시혁이 싸우고 있다" "개저씨 맞다이로 들어와" 이런 듣도 보도 못한 뉴스가 나옵니다. 이 뉴스의 여

파로 뉴진스에 관한 불안감이 커지면서 주가가 빠집니다. 다시 주가는 4만 3,000원이 됐다가 4만 1,000원이 됐다가 결국 3만 9,000원까지 내려갑니다. 이때 또 생각합니다. '이번에는 당하지 말자. 내가 또 당할 건가?' 그래서 3만 8,000원에 팝니다.

지금 무슨 일이 일어난 겁니까? 주가는 3만 원에서 4만 4,000원까지 분명히 갔습니다. 그런데 두 번의 매수와 두 번의 매도를 통해 결국 이 분은 5,000원의 손실을 기록했습니다. 분명히 3만 원에 사서 4만 원에 팔면 된다는 좋은 정보를 들었습니다. 종목까지 콕 찍어서 알려드렸습니다. 그런데도 손실이 났습니다.

물론 3만 원에 사서 5만 원이나 6만 원에 팔아서 수익을 낸 사람도 있습니다. 전체의 10% 정도 됩니다. 하지만 지금 사례로 든 경우처럼 3만 원에도 못 사고 이리저리 휘둘리며 팔고 사다가 결국 손해만 본 사람이 90%입니다.

결론적으로 좋은 정보, 좋은 소스라는 게 실제로 있다 해도, 그걸 미리 잘 알았다 해도, 대부분의 분들이 수익을 내지 못합니다. 수익을 못 내는 정도면 다행입니다. 심지어 손해를 보고 끝납니다. 차라리 정보를 몰랐으면 손해는 안 봤을 것을 오히려 좋은 정보 때문에 손실을 보는 참담한 결과로 귀결됩니다.

이렇게 되지 않으려면 어떻게 해야 할까요. 정말 중요한 것은 실력입니다. 주식 투자를 제대로 할 수 있는 진짜 실력을 키워야 합니다. 어디 좋은 정보 없냐는 식으로, 기초도 없이 기웃거리거나 감으로만 투자하는 건 사상누각 투자입니다. 언젠가 무너집니다.

첫 번째 마인드셋 : 공부'는' 하자

옛날에는 사람들이 주식을 잘 몰랐습니다. 소수만 주식을 했습니다. 그리고 무지한 상태에서 달려들고 돈만 잃고 끝나는 투자자들도 많았습니다. 그러나 지금의 투자자들은 다릅니다. K-투자자들이 제일 스마트합니다. 우리는 무엇이든 빠르게 배웁니다. 테슬라를 보면 해외 투자자 중에서 한국 투자자들이 1등입니다. 일부 펀드를 제외하고 한국 투자자들의 지분 총합이 1등입니다. 진짜 한국 사람이 뭉치면 일을 벌일 수도 있습니다. "테슬라 한국 주주만 모여라"고 하면 미국 사람들도 긴장해야 할 정도입니다.

우리가 해야 할 일은 스마트해지는 것입니다. 주식 투자에서 스마트해진다는 것은 연구자가 논문을 쓰듯이, 수험생이 수능 공부하듯이 하는 게 아닙니다. 투자를 실행하면서 공부하고, 공부한 것만큼 투자하는 것입니다. 공부'부터' 하자는 아닙니다. 공부 '끝까지' 하자도 아닙니다. 그냥 공부 '는' 하자입니다. 중요한 것은 '투자라는 행동을 하되, 행동의 명분과 근거는 적어도 알자'는 것입니다. 그 정도의 성의와 노력은 병존해야 한다는 것입니다. 이 책을 마스터하고, 저 책을 마스터하고, 드디어 모든 이론을 마스터했으니 하산하여 실전으로 들어가자는 식이 아닙니다. 1주로 시작해서 10주로 늘이고, 100주로 늘이겠다는 식으로 하는 게 아닙니다. 그 반대입니다.

일단 해봐야 합니다. 첫 거래부터 삼성전자 주식에 전 자금을 다 넣으라는 것은 아닙니다. 투자라는 게 무엇인지 비용을 써가면서 익혀야 합니다.

무엇을 공부해야 할까요. 오르면 오르는 이유, 떨어지면 떨어지는 이유를 공부하는 것입니다. 주가가 떨어지면 떨어진 이유를 찾기 위해 기사를 찾아보십시오. 회사가 갑자기 유상증자를 한다고 하면, 왜 하는지 그 이유를 찾아보십시오. 내가 공부할 범위를 분명히 알고, 내 성적이 왜 떨어지거나 왜 오르는지 이유를 알아가는 것. 이것이 주식 투자를 공부하는 것입니다.

그렇게 해서 투자를 몸으로 익혀야 합니다. 운동으로 치면 수영이나 자전거와 비슷합니다. 수영과 자전거는 몸이 자동적으로 감각을 익히는 것입니다. 팔의 각도는 어때야 하고, 호흡은 4박자에 한 번이라는 이론만 안다고 해서, 물에 들어가서 수영을 잘할 수 있는 게 아닙니다. 자전거도 마찬가지죠. 균형 감각이 없으면 기어를 몇 단에 놓아야 한다는 지식을 알고 있어도 자전거를 잘 탈 수 없습니다. 피터 린치, 워런 버핏과 같은 위대한 투자자들의 책을 10번 읽는다고 부자가 되는 게 아닙니다. 공부'만' 많이 하신 경제학과 교수님들이 투자에 성공하는 게 아닌 것과 같습니다. 아는 것과 익히는 것은 다릅니다.

오직 이론으로만 투자 원칙에 대해서 잘 아는 사람과 투자 원칙을 설명하지는 못해도 투자 감각이 있는 사람이 다른 것입니다. 그 감각을 키우는 방향으로 공부를 해야 합니다. 노력하지 않는 투자자는 없고 타고난 투자자도 없다고 생각하십시오.

공부를 해야 한다고 말씀드리면 많은 분들이 짜증을 냅니다. 한국 사람들은 공부라는 단어에 나쁜 기억이 있습니다. 학교를 다닐 때가 생각이 나고 답답해집니다. 긴장이 됩니다. 그 느낌을 기억하셔야 합니다. 공부라는 단어가 주는 짜증, 압박감, 텐션, 무거운 느낌이 중요합니다. 투자 전에 꼭 갖춰야 하는 첫 번째 마인드셋은 바로 이런 진지함입니다. 동네 마실을 가듯이 증권회사에 가고, 게임하듯 매매하고, 레저하듯 가볍게 투자해서는 안 됩니다. 그 느낌을 버리면 안 됩니다. 주식 투자는 결국 돈을 벌려고 하는 일입니다. 우리가 돈을 벌려고 하는 다른 일과 비교를 해보십시오.

만약 치킨집을 차리려 한다면 어떻게 하겠습니까. 동네를 200바

쿼쯤 돌면서 어디가 더 장사가 잘될지 계속 찾아다닐 겁니다. 평생 음식을 안 해봤지만 맛있는 치킨을 만들기 위해 뜨거운 기름에 손을 데면서 연구할 것입니다. 손님이 떨어지면 왜 떨어지는지, 손님이 늘면 왜 느는지 정확한 이유를 확인할 것입니다. 상권이 좋아서, 치킨이 맛있어서, 광고를 많이 해서 등 어떤 이유가 진짜인지 확인해 갈 것입니다. 그래야 치킨집을 하면서 오래 수익을 낼 수 있다는 것을 아니까요.

그런데 앞으로 수백만 원에서 시작해 수천만 원으로 나아가 수억 원을 투자하는 방향으로 나아가야 하는 분들이 이 정도의 노력을 하지 않거나, 긴장감이나 압박을 느끼지 않고 정보만으로 투자할 수 있다고 생각한다면, 그 자체로 틀렸습니다. 약간 무거운 마음으로 자세를 고쳐야겠다는 진지한 느낌으로 투자에 임해야 합니다. 투자 공부를 위해 전국으로 강의를 들으러 다니고, 매일같이 주식 창만 들여다보라는 말이 아닙니다. 그러나 적어도 공부를 해야 한다는 생각은 가지고 있어야 합니다.

코스피가 올라갈 때 4000은 가고 5000까지도 간다고 들었습니다. 그런데 2025년 11월 첫 주 검은 수요일에 3800까지 떨어졌습니다. 그럴 때 많은 초보 투자자분들이 불안함을 견디지 못하십니다. 결국 제게 전화가 엄청 걸려옵니다. 어떻게 해야 하느냐. 선생님이 좀 잡아달라고 하십니다. 이걸 견뎌낼 수 있으려면 일시적인 조정이 있더라도 결국 5000까지 갈 수밖에 없는 상황이라는 것을 스스로 잘 알고 있어야 합니다.

주식 투자를 하다 보면 수많은 변동성을 만나게 됩니다. 같이 출렁거리지 않고 견디려면 감정이 아닌 머리로 투자해야 합니다. 나를 통제하는 것이 투자의 핵심입니다. 역설적이게도 전문가의 조언이 아니라 공부로 무장한 나만이 나를 이기고, 버텨낼 수 있습니다. 박시동이 팔라고 했다, 남편이 사라고 했다. 친구가 믿고 투자하라고 했다는 방식으로는 못 버팁니다. 코스피 1만은 가겠지만, 나의 실력과 공부를 바탕으로 하는 이성의 힘 없이는 코스피 1만 시대에도 내 계좌는 마이너스가 될 것입니다. 특히 하락장이 오면 버틸 수가 없습니다.

두 번째 마인드셋 : 행운을 바라지 마십시오

자신의 투자 감각을 키우기 위한 공부를 해야 한다고 말씀드렸습니다. 두 번째로 말씀드릴 것은 행운을 바라지 말라는 것입니다. 성공에서 가장 중요한 건 운이라고들 합니다. 그러나 주변에 성공한 사람들을 보십시오. 그중에 요행으로 성공한 사람은 별로 없습니다.

김연아 선수가 선천적으로 남들에 비해 훨씬 더 좋은 신체 조건을 가지고 태어나긴 했을 것입니다. 그러나 우리는 압니다. 야식 한번 먹지 않는 철저한 관리, 발이 다 뭉개지고 까지는 걸 버텨낸 그 시간이 오늘의 김연아를 만든 것이지요. "손흥민 선수는 좋겠다. 연봉이 200억 원이래"라고 우리는 쉽게 말합니다. 그러나 손흥민 선수는 하루에 수천 번씩 공을 차면서 연습하고 노력했습니다. 같은 자리에서 수천 번씩 차본 경험이 누적되어 눈 감고 차도 골대에 들어갈 정도가 된 것입니다.

작든 크든 세상에 존재하는 성공과 성취가 운에 의해 거저 되지 않는다는 걸 우리는 압니다. 그런데 왜 투자는 운이라고 생각합니까. 이 세상에 요행이 없다는 것을 알고 있는데, 왜 주식 시장에는 요행이 있다고 여깁니까. 자본이 첨예하게 부딪치는 치열한 전쟁터에서 왜 나는 운으로 돈을 벌 수 있을 거라고 기대합니까. 물론 운이 따라야 하겠지만 우리가 통제할 수 없는 것을 추구하는 것은 지속가능한 투자가 아닙니다. 처음부터 온전히 노력과 실력의 문제라고 생각해야 합니다. 그래야 주식 투자를 잘할 수 있습니다.

특히 초보의 행운은 세 번을 넘지 않습니다. 이게 무슨 말일까요. 잘 생각해보시면 인생에 세 번 정도 행운을 쓴 적이 있습니다. 예전에 아무 생각 없이 누구 말을 듣고 했는데 재미 좀 본 적 있다는 경험이 있을 겁니다. 아무 생각 없이 아파트를 샀는데 우리 집이 좀 많이 올랐다는 경험도 있을 겁니다.

만약 그런 경험이 있다면 이미 내게 주어진 운을 다 썼다고 생각하세요. 여러분이 운이 없다는 뜻이 아니라 주식 투자를 시작하면서 운으로 되는 경우도 있을 거라는 마음을 아예 내려놓으라는 말입니다. 운은 없습니다. 그렇게 생각하십시오. 행운은 없습니다. 그리고 혹시나 남아 있는 운이 있다면 차라리 주식에 쓰지 말고 가족의 생명과 건강을 지키는 데 썼으면 좋겠습니다.

세 번째 마인드셋 : 조급함이라는 독을 버려라

운으로 돈을 벌 생각을 버리면 조급함이 사라집니다. 이 마음가짐이 매우 중요합니다. 초보들은 늘 조급합니다. 벌써 코스피 5000인데 어떻게 하냐는 생각에 불안하고 조급해집니다. 조급함을 버려야 합니다. 사람이 왜 조급해지는지 아십니까? 막차라고 생각하니 조급해지는 것입니다. "저거 막차야. 비켜, 나 이거 타야 돼." 이렇게 됩니다. 그런데 2분 있다가 차는 계속 옵니다. 계속 버스가 오는데, 지금 버스를 타기 위해 차선을 넘고 앞사람 밀치고 미친 듯이 뛰어가는 사람은 없습니다.

초보의 실수는 조급함에서 나오는 경우가 많습니다. 명심하세요.

주식 시장은 막차가 없는 시장입니다. 그것도 영원히. 내일도, 모레도, 그다음 날도 장은 열립니다. 대폭락장이라 해도 그 와중에 오르는 종목 수십 수백 개가 여러분을 기다리고 있습니다. 그런데 왜 조급해하십니까. 나를 사달라고 여러분에게 손을 내밀고 있는 종목들이 수백 개가 있는 시장이 매일매일 열린다고 생각하면 조급할 이유가 전혀 없습니다.

그래도 조급함이 사라지지 않는다면 다음의 문장을 외워 보십시오. "3,000만 원으로 시작해서 5년 뒤에 3억 원을 만든다." 이렇게 5년이 걸린다고 생각하십시오. 그러나 그 결말이 매우 클 것이라는 점은 확신하십시오. 이 정도면 괜찮다는 생각이 드실 겁니다. 제대로 공부하면 중간에 실패도 있겠지만 만회해가며 그 목표를 달성할 수 있을 것 같다는 생각이 드실 겁니다. 급하지 않게 긴 호흡으로 갈 수 있겠는데 싶을 겁니다. 그렇게 하십시오.

우리가 왜 급해지나요? 지금 돈을 넣었는데 두 달 안에 빼서 전세금 올라간 것을 맞춰야 한다, 가진 돈을 다 넣었는데 이번 한 방에 3배가 되어야 한다 등과 같은 상황이 되면 마음이 급해집니다. 3,000만원으로 시작해서 5년 뒤에 3억 원이 된다고 생각해야 마음의 여유가 생깁니다.

"저는 30대인데 1,000만 원밖에 없어요." 괜찮습니다. 1,000만 원으로 시작해서 5년 지나면 1억 원이 된다고 생각하십시오. 이렇게 생각하면서 마음이 여유로운 상황에서 제대로 투자해야 합니다. 그런데 이번 달에 넣고 다음 달에 두 배로 불려야 한다고 생각하니 조급해지고 실수를 하게 되는 것입니다. 우리가 수험 공부를 해서 한 달 만에 3등급이 1등급이 될 수 없듯이 마찬가지입니다.

네 번째 마인드셋 : 부자 되기 vs 부자로 남기

저는 부자를 정말 많이 만나본 사람입니다. 펀드의 세계에는 수익자 1명이 1조 원을 내는 펀드도 있습니다. 그런 어마어마한 부자들을 만나 그들이 부를 일군 경험을 듣기도 하고 연구도 했습니다. '내가 만난 한국의 100대 부자' 같은 책을 써야 하나 할 정도로 부자들을 많이 만났습니다. 한때 저 스스로 소위 부자학에 정통했다고 생각할 정도였습니다.

그러면서 깨달은 것이 있습니다. 부자는 두 종류가 있습니다. 사업 부자와 주식 부자입니다. 사업 부자와 주식 부자는 다릅니다. 사업 부자는 이런 사람들입니다. 세상에 없던 멋진 상품을 만들어서 수백만 개를 팔아 갑자기 큰돈을 버는 사람입니다. 영화를 제작했는데 〈오징어 게임〉처럼 세계적으로 히트를 치는 일을 하는 사람입니다. 작곡을 했는데 케데헌에 삽입된 〈골든〉이었고, 그 노래가 그래미상을 받을 정도로 큰 히트를 치는 것입니다.

이런 사업 부자를 가리켜 저는 항아리 부자라고 말합니다. 밑 빠진 항아리에 물이 넘치게 하려면 특정 시점에 빠지는 것을 상회하고 훨씬 남을 만큼 물을 확 부어야 합니다.

그것처럼 재능이나 기술, 자본을 투입해서 한 번에 돈을 확 벌게 되는 모멘텀을 만드는 것이 사업 부자입니다. 본인에게 이런 재능과 기술과 전략이 있다면 사업 부자의 길을 가시면 됩니다.

한편 주식 부자가 된다는 것은 무엇을 의미할까요? 주식 부자는 사업 부자와 다릅니다. 주식 부자는 부자로 남아 있으려는 사람이라고 저는 정의합니다. 한두 번의 주식 투자로 용케 큰돈을 버는 것이 전혀 불가능한 일은 아닙니다. 주식으로 어느 특정 시점에 부자 되기가 가능하기도 합니다.

예를 들어 2억 원을 투자해서 한 번에 4억 원을 만드는 것은 가능합니다. 그러나 수백억 주식 부자가 순식간에 빈털터리가 되는 경우도 흔히 볼 수 있습니다. 1,000만 원으로 2,000만 원을 만들거나, 코스피 4000에 진입해서 5000까지 상승하며 삼성전자에서 두 배 수익을 올리는 작은 성공이 나쁘다는 것은 아닙니다.

그런데 그 작은 성공 뒤에 큰 실패가 뒤따라 오면 안 됩니다. 작은 성공들이 사는 동안 계속 이어져서 투자 이전의 삶과는 비교할 수 없을 정도로 부의 여유를 누리는 삶. 즉 부자로 남기가 목표가 되어야 합니다.

부자가 되기보다 부자로 남기가 더 어렵고 더 중요합니다. 어느 시점을 딱 찍어서 얼마 벌었다는 것으로 끝내려고 주식 투자를 하는 것이 아닙니다. 우리가 주식 투자를 하는 이유는 한방에 일확천금을 얻어서 특정 시점에 딱 부자가 되려는 것이어서는 안 됩니다. 명심하십시오. 주식 부자는 어느 시점에 크게 벌게 되는 사람이 아니라, 늘 여유로운 경제적 상태로 계속 남아 있는 사람입니다.

주식 시장은 초보 투자자가 1억 원을 투자해서 한 번에 5억이 되기도 하지만, 수백억을 굴리는 고수가 한 번에 전 재산을 잃을 수도 있는 곳입니다. 때문에 오래 투자하고, 부자로 남으려 한다는 목표를 명확하게 가져야 합니다.

다섯 번째 마인드셋 : 멘털은 삭제되는 것

주식만 사면 가슴이 덜덜덜 떨리는데 어떻게 하면 좋으냐는 질문을 많이 받습니다. 하루에 주가가 천당과 지옥을 왔다갔다 하니 멘털을 잡는 게 중요하다는 말을 많이 합니다. 주식이 떨어지면 저에게 전화가 옵니다. "큰일 났습니다. 아내한테 뭐라고 해야 할지 벌써부터 머릿속이 하얗습니다." 심지어 내려가지 않고 올라갈 때도 전화가 옵니다. 5%가 올랐는데, 고점인지 모르겠다. 팔아야 하는지 가지고 있어야 하는지 내 마음을 좀 잡아달라는 요청이 옵니다.

듣다 보면 본인들이 이미 답을 알고 있습니다. 그런데 자신들의 심리를 어떻게 할 수가 없으니 남에게 요청하는 것입니다. 멘털 관리를 해달라는 것입니다.

그런데 결론부터 말씀드리면 멘털을 관리하겠다는 생각을 버리십시오. 멘털은 영원히 관리되지 않습니다. 아무리 고수라도 떨어지면 충격이 오고, 올라갈 것을 알고 있어도 지금 던져야 하는 게 아닌지 고민이 됩니다. 진짜 고수에게는 멘털이라는 게 없어야 합니다. 제대로 된 투자 원칙과 자기 전략을 세우고 그대로 실행하면 됩니다. 즉, 멘털 관리가 아예 필요 없는 단계까지 가야 합니다.

기억하세요. 멘털은 영원히 관리되지 않습니다. 멘털은 삭제되어야 합니다. 멘털이 관여되지 않는 상태에 도달해야 합니다.

여섯 번째 마인드셋 : 투자자는 을이 아니다

주식 투자에서 가져야 하는 마인드 중 하나는 내가 갑이라는 것입니다. 나의 소중한 돈을 넣어서 어떤 기업에 투자를 했습니다. 그런데 왜 기업에 대해서 제발 올라가달라는 청원하는 마인드를 가지고 있습니까. 그런 마인드를 가지고 있으면 더더욱 카더라 정보에 몰입하게 됩니다.

제대로 된 투자자는 을이 아닙니다. 전 국민 투자 시대의 투자자는 을이 아닙니다. 주체적이고 적극적으로 기업을 발굴하고 주주가 되려는 갑이 되어야 합니다. 그런데 대부분의 투자자가 주식을 일반적인 제품을 구매하듯이 구매합니다. 대기업과 소비자의 관계처럼 을의 위치에서 자리 잡습니다. 그리고 대주주나 기업이 주가를 올려주기만을 기대하는 수동적인 사고를 하고 있습니다.

이건 틀린 접근입니다. 깐깐한 소비자는 아무 물건이나 사지 않습니다. 정말 좋다는 확신이 있으면 남들이 비싸다고 해도 그 물건을 삽니다. 이렇듯 주식 투자에서도 주체적이고 주도적인 태도를 가지십시오. 내가 심사하고 결정하고 투자하는 위치임을 자각해야 합니다. 내 돈을 빌리러, 삼성전자 이재용 대표가 직접 찾아왔다고 생각하십시오. 앞으로 회사가 얼마나 잘 커나갈지, 그 이익으로 빌린 돈을 어떻게 갚을 건지를 내 앞에서 브리핑한다고 생각하십시오. 이재용이라는 이름 앞에 주눅 들지 말고 날카롭게 심사하십시오. 마음에 들면 투자하는 것이고 아니면 돌려보낼 수 있는 주체적인 마인드가 필요합니다. 이런 마음을 가져야 확신을 가지고 투자할 수 있고, 종목을 발굴할 수 있으며, 공부를 지속할 의지가 생겨납니다.

3

종목 선택

: 주식은 사람이다

종목은 그 회사의 이야기를 사는 것

이제 마인드셋이 장착되셨습니까. 긴 호흡으로 요행 따위는 바라지도 않고, 불안한 멘털을 삭제한 초연한 상태에서 부자로 오래 남기위한 주체적이고 당당한 투자자가 되겠다는 결심이 섰습니까. 그러면 이제 주식을 사러 가봅니다. 주식을 사러 가기 전에 주식이란 무엇인지부터 제대로 점검하고 갑시다. 주식이란 무엇입니까. 회사의 지분을 나타내는 유가증권의 일종으로서…. 이런 설명을 할 수 있을 겁니다. 하지만 이런 설명은 주식 투자를 하는 데는 큰 도움이 안 됩니다.

이렇게 생각해보십시오. '주식'을 산다는 것은 '회사'를 사는 것입니다. '회사를 사?' 아직은 잘 와닿지 않으실 겁니다. 그럼 한발 더 나아가봅니다. 주식을 산다는 것은 회사의 '이야기'를 사는 것입니다. 증권이라는 종이를 산다거나, 회사의 공장이나 회사가 만든 반도체 같은 물질이나 상품을 떠올리지 마시고, 회사의 '이야기'를 산다는 개념에 집중해보시기 바랍니다.

그래도 잘 와닿지 않으신다면 '회사'를 '사람'으로 바꿔서 생각해보시기 바랍니다. 어떤 사람의 이야기를 사는 것, 이게 주식을 사는 것입니다.

주식 투자의 기본은 종목을 고르는 것입니다. 종목을 고른다는 것은 그 회사와 결혼하는 것입니다. 그런데 결혼하려는 종목에 대해서 얼마나 알고 계십니까. 적어도 그 사람에 대해 이야기할 수는 있어야 할 것 아닙니까? 가령 SK하이닉스 주식을 사려는 분이 있다고 합시다. SK하이닉스를 사람이라고 생각해봅시다. 제가 물어봅니다. "하이닉스가 무슨 뜻인지 압니까?" 이 대답을 못 하는 분들이 계십니다.

내가 결혼하려는 회사에 대해서 확신을 가지고 말할 수 있어야 합니다. 내가 왜 SK하이닉스를 샀는지, 얼마나 좋은지를 자신있게 이야기할 수 있어야 합니다. 제가 친한 친구에게 어떤 사람을 소개팅해주는 상황을 한번 상상해보겠습니다.

"너 주말에 시간 비워. 무조건 주말 비워. 내가 기가 막힌 사람을 소개해줄게." 그러면 친구가 뭐라고 할까요. 누구냐. 어디 사느냐. 외모는 어떠하냐. 직업은 뭐고 성격은 좋으냐. 취미는 무엇이냐 등등 꼬치꼬치 물어볼 것입니다. 그러면 제가 꼭 소개해주고 싶은 사람이라면 "잘 들어봐. 얼마나 괜찮은 사람이냐 하면…." 이렇게 적어도 30분 이상을 설명할 겁니다. 그 설명을 들으면 친구의 입이 귀에 걸리겠지요. 역시 내 친구네, 너무 고맙다, 시간 꼭 비우겠다고 할 겁니다.

그런데 가만히 생각해보십시오. 친구는 아직 그 사람의 사진도 못 봤습니다. 그런데 제 이야기만 듣고 시간을 비우고 만나러 온답니다. 자신의 시간을 투자하는 겁니다. 제 친구는 무엇을 한 것입니까. 제가 해주는 어떤 사람의 이야기를 산 것입니다. 바로 이런 것입니다. 종목을 산다는 것은 이야기를 산다는 것입니다.

여러분이 가지고 있는 종목 리스트를 열어보십시오. 그것을 다 사람 이름으로 바꿔보십시오. 삼성전자를 이삼성 씨, 현대차를 정현대 씨라는 식으로 종목 리스트가 아니라 전화번호 연락처를 연 것처럼 사람이라고 생각해보십시오. 그 종목을 사람이라 생각하고 30분 동안 이야기를 해보십시오. 내 친구에게 소개팅을 주선해준다고 생각하고 말할 거리를 떠올려 보십시오.

이야기를 30분 동안 할 수 있을까요? 내 주위에 있는 진짜 친구 김철수를 회사 동료 이영희 씨에게 소개할 수는 있는데 삼성전자(이삼성 씨)를 이영희 씨에게 소개하려고 하면 막상 말문이 막힐 것입니다. 이렇게 확신이 없는 나의 이야기를 듣다 보면 상대방에게서 "그래서 이 사람이 누구라는 겁니까?"라는 답이 돌아오겠지요. 이렇게 되면 그 이야기를 살 이유가 없는 것입니다. 그러면 어떤 회사의 이야기를 사는 일은 어떻게 이루어질까요. 세 가지 단계로 이루어집니다. 일단 이야기를 알아야 합니다.

1단계 : 이야기를 안다는 것

어떤 분에게서 다급한 전화가 왔습니다. "큰일 났어요. 제 종목이 마이너스 70%예요. 회사가 임상 시험에 실패했대요. 어떻게 하면 좋을까요?" 제가 반문했습니다. "무슨 임상 시험이었는데 실패했대요?" 그분이 이렇게 말합니다. "그건 저도 몰라요. 항암 관련 뭐라는데 암튼 중요한 시험 같은데, 어려워서 저는 잘 몰라요." 회사가 무슨 기술을 개발하고 있었는지, 어떤 단계에서 뭘 실패했는지 전혀 모른다는 대답이었습니다. 자기 돈을 넣고도 무슨 회사인지 모르는 사람이 있겠느냐고 생각되십니까. 황당한 사례라고 생각되십니까. 실제로 이런 분들이 정말 많습니다. 나 또한 그렇지 않나 한번 점검해보십시오.

이분은 무엇을 산 것입니까. 대단한 임상 시험을 한다는 이야기를 산 것입니다. 그런데 이야기를 사려면 첫 단계는 그 이야기가 어떤 이야기인지 알아야 합니다. 생각보다 많은 분들이 자기가 잘 모르는 종목에 투자하고 있습니다. 종목이 사람이라고 생각하면 어디 사는 누구이고, 직업은 무엇인지 등 기본적으로 알아야 하는 당연한 기초적 사실이 있습니다. 그런데 주식 종목에 대해서는 기초적인 사실조차 알지 못하는 경우가 많습니다. 그 수많은 회사의 이야기를 어떻게 다 아냐고요. 가만히 생각해보면 다들 아는 회사의 이야기도 잘 모르는 경우가 많습니다.

삼성전자는 전 국민이 다 아는 기업입니다. 삼성전자 주주가 500만 명입니다. 그런데 이 500만 명에게 진지하게 삼성전자에 대해 아는 게 무엇인지 물어보면 어떻게 답을 할까요. 제가 강의 때 여쭤봅니다. 삼성전자 본사는 어디입니까? P5 공장은 어디에 있죠? D램은 무엇이지요? 낸드는요? HBM3? HBM4는?

이런 기본적인 이야기를 알아야 합니다. 경제 상식을 외우라는 게 아닙니다. 내가 산 종목을 알고 있느냐는 의미입니다. 종목을 사는 것은 회사의 이야기를 산다는 것이고, 이야기를 사는 첫 단계는 '이 야기를 아는 것'입니다.

2단계 : 매력적인 이야기를 사십시오

종목을 고르는 것이 이야기를 사는 일이라고 했습니다. 그런데 그 이야기가 진짜 매력이 있어야 합니다. 팔리는 이야기여야 합니다. "지금은 반도체를 사고 싶어도 물건이 없어서 못 사는 정도래. 반도 체 받아가겠다고 외국인 바이어들이 판교 호텔에 진을 치고 반도체 회사 담당자들에게 만나달라고 사정사정하고 있나 봐. 사정이 이렇 다 보니 반도체는 부르는 게 값이래. 작년보다 10배가 올랐다는데, 그래도 사겠다고 나온대. 그래서 값을 더 올리나 봐. 이 회사 대박이 지 않아?" 이렇게 완벽하게 매력적인 이야기가 또 있을까요? 듣기 만 해도 내가 다 부자가 된 것 같은 이야기입니다.

회사의 이야기를 다 알았다면 그 이야기가 매력적인지를 점검해야 합니다. 나에게도 매력적이고 듣는 사람 누구에게나 매력적인지를 생각해보셔야 합니다. 제가 강의 때 자주 하는 일이 있습니다. 투명한 플라스틱 어항 같은 곳에 500만 원을 넣어둡니다. 그리고 이렇게 말합니다. "저에게 회사의 이야기를 파시는 분은 이 자리에서 500만 원을 가져가십시오. 제가 이야기 값으로 500만 원을 드립니다"라고 합니다. 회사의 이야기를 팔아보라고 한 것입니다. 팔릴만큼 매력이 있는지를 생각해보라고 하는 겁니다. 남에게 팔 수 없는 이야기, 매력 없는 이야기라면, 그런 종목에 시장이 환호할 이유가 없을 겁니다. 그런 종목을 선택하면 안 되는 것입니다.

3단계 : 꼭 너여야만 하는 이유

여기에서 끝나는 게 아닙니다. 종목의 이야기를 산다는 것은 한 단계 더 나아가야 합니다. 주식 투자에서 '본질적 투자 가치'와 같은 용어들을 씁니다. 이 말을 쉽게 하면 '꼭 너여야만 하는 이유'입니다. 종목을 사려면 여기까지 생각해야 합니다. 제가 하이브라는 사람과 결혼하게 되었다고 친구들에게 이야기한다면 어떻게 말하겠습니까. 연애가 아니라 결혼까지 해야 하는 이유를 말할 것입니다. 이렇게 하겠지요.

"그 사람 집에 보석이 있는데, 보석 이름이 BTS래. 그 7개를 모으면 엄청난 가치가 되는데, 지난 7월에 7개를 다 모았지 뭐야. 상반

기면 BTS 앨범이 나오고, 빌보드 1등을 하겠지. 유튜브에서 수십억 조회 수가 나오겠지. 북미부터 시작해서 한류 열풍을 타고 공연 시장을 평정하겠지. 그리고 남미도 가겠지. 브라질을 평정하겠지. 그 다음은? 파리의 개선문을 여러 번 돌면서 유럽을 평정하겠지. 운이 좋아서 만약 한중 관계까지 조금 풀린다면 중국 시장까지 들어갈 수 있겠지. 지금도 좋은 회사인데, 추가로 BTS의 이 어마어마한 매출을 여기다 더한다면 어떻겠어? 그래서 나는 결혼할 거야."

여기에 반대하는 이야기가 있을 수 있습니다. "그 회사 대표가 무슨 조사를 받지 않았어? 형을 살게 될지도 모른다며? 2,000~4,000억 원 정도 문제가 있다는데." 그런데 생각해보면 회사 대표가 감옥에 간다고 BTS 앨범이 안 나올까요. 대표가 벌금으로 4,000억 원을 낸다고 하여, 팬들이 BTS 앨범을 안 살까요? 이런 이야기는 그 사람과 결혼하는 이유, 즉 본질과는 관계없는 것입니다. 관계가 없다고 판단할 수 있는 이유는 하이브랑 결혼한 이유, 진짜 매력이 무엇인지, 꼭 하이브어야 하는 이유를 분명하게 아니까 판단할 수 있는 겁니다. 이처럼 주식 투자에서는 왜 이 종목이었는지를 정확하게 알고 있어야 합니다. 투자한 본질적 이유, 꼭 너여야만 했던 이유를 모른다면 투자 전문가들에게 상담조차 하기 어렵습니다.

꼭 기억하십시오. "내가 이 회사를 왜 사는가?" 이 근본적인 질문에 대답을 못 한다면 주식 투자는 반드시 길을 잃게 되어 있습니다.

종목 발굴은 어떻게? : 톱다운과 바텀업

가치주, 성장주, 주도주, 대장주, 테마주, 경기 순환주, 경기 민감주, 배당주, 보완주, 대체주…. 주식을 이렇게 부르는 게 결국은 그 주식의 매력이 무엇인지를 설명하는 말입니다. 일단 사람들이 매력적으로 느끼는 주식을 사야 한다고 했습니다. 주식을 사람에 비유해왔는데요. 이때도 비슷합니다. 누구나 만나고 싶어 하는 매력적인 사람은 어디에 있습니까? 사람들이 많은 곳에 있습니다. 주식도 마찬가지입니다.

대세 상승장에서는 대형주, 성장주가 오릅니다. 일단 대형주, 성장주가 달릴 때는 무조건 올라타야 합니다. 거부할 이유가 하나도 없습니다. 왜냐? 성장주는 끝없이 오를 수 있습니다. 한계가 없이 달릴 수 있습니다.

반면 가치주는 한계가 있는 경우가 더 많습니다. 가치주는 저평가됐던 게 정상가로 올라가면 1차적 한계를 만나게 됩니다. 하지만 성장주는 다릅니다. 애플, 테슬라 이런 기업들이 성장주입니다. 끝없이 올라갑니다. 성장주는 언제 관심이 꺼질까요. 당연히 성장이 멈출 때입니다. 실적이 꺾일 때입니다. '이제 더 안 크는구나'라며 투자자들의 관심이 꺼집니다. 성장주와 가치주에 대해서는 기본적으로 이런 개념을 가지고 계셔야 합니다. 대세 상승장에서는 대형주, 성장주에 올라타고, 조정장에서는 중소형주, 가치주를 발굴한다는 것을 일단 기억하십시오. .

이제 종목을 찾으러 가봅시다. 발굴해봅시다. 종목을 발굴하는 방법은 두 방향이 있습니다. 톱다운Top Down과 바텀업Bottom Up입니다. 우선 톱다운은 '주도주'를 찾는 것입니다. 지금 시장에서 뜨고 있는 분야를 앞장서 이끄는 종목에서 찾는 것입니다. 요즘 반도체가 뜬다, 방산이 뜬다, 이런 말을 들었을 것입니다. 주식 시장 전체를 이끌고 있다는 것입니다. 다들 매력적으로 바라보는 종목들입니다.

그런데 나만 그 종목이 없다면? 나만 그 종목을 모른다면? 주식 투자에서 통하지 않는 일입니다. 주식은 곧 인기 투표입니다. 시장 참여자들의 기대와 합의가 주가를 결정합니다. 사람들이 좋아하는 종목의 주가가 오르는 것이고, 사람들이 관심이 없는 종목의 주가가 떨어지는 것입니다. 인기 스타가 나왔는데 왜 보지 않는지요. 들여다봐야 합니다. 뜨는 섹터의 흐름을 쭉 살펴봅니다. 그리고 그중에서 내가 '잘 아는 것'에 들어가는 겁니다.

가령 방산 산업, K-컬처 산업, K-뷰티 산업이 뜬다고 합시다. 이 섹터의 종목들을 다 잘 알 수는 없습니다. 여성 분들의 경우 방산주에 대해서는 들어도 이해하기가 어렵습니다. 그러나 조선미녀가 어떠하다, 마녀공장이 어떠하다, 이 화장품을 써봤는데 너무 좋다 등 내가 잘 아는 이야기가 있는 K-뷰티 종목은 알 수 있습니다. 그러면 그 종목을 들어가는 겁니다. 이게 톱다운 방식입니다.

급등하는 것, 뜨는 것, 모두가 다 하라는 것, 정책 이슈가 붙어서 정부가 키우는 것 등 섹터를 정해둡니다. 그 안에서 많이 오른 종목, 시총이 높은 종목, 인기가 많은 종목, 최근에 급등하는 종목, 특히 내가 잘 아는 종목을 추리는 방식으로 발굴합니다. 왜 내가 잘 아는 것이어야 할까요. 잘 알고 있어야 왜 오르는지, 왜 떨어지는지 이유를 이해할 수 있기 때문입니다. 이런 것이 바로 톱다운 방식입니다.

바텀업은 어떤 방식일까. 실생활에서, 바닥에서 종목을 발굴하는 겁니다. 이런 경우에도 당연히 내가 잘 아는 기업의 이야기를 발굴해야 합니다. '저는 아는 기업이 없는데요'라고 생각하는 분들도 있습니다. 그렇지 않습니다. 어떤 사람이든 이 세상 다른 누구보다 자신이 제일 잘 아는 기업이 하나쯤 있습니다. 펀드 매니저나 애널리스트가 아니어도 누구나 생각해보면 아는 기업이 있습니다.

가령 내 직업이 영상 분야의 일이라고 합시다. 그러면 그 분야의 어떤 회사가 잘 나가는지는 세상 누구보다 잘 아실 겁니다. 그리고 언론에서 저 회사가 뜬다고 해도 '어, 저러면 곧 망할텐데' '지금은 저렇게 히트 치는 것 같지만 그거 만들던 제작진이 이미 다른 데로 다 옮겼는데' 이런 정보를 그 누구보다 잘 아실 겁니다. 그러면 그런 종목에서 수익을 실현하고 빨리 빠지는 것입니다. 한발 앞서 좋은 제작진이 옮겨간 기업을 미리 사두면 됩니다.

가정 주부들도 기업에 대해 잘 알 수 있습니다. 자신이 어떻게 생활하고 있는지를 보십시오. 하루종일 TV나 넷플릭스를 보고 있다. 그중에서 어떤 채널을 제일 많이 보고 있다. 홈쇼핑에서 이런 이런 것을 샀다. 이런 정보는 그 누구보다 주부들이 제일 잘 압니다. "그건 예전에 유행하던 브랜드지. 요즘 주부들은 다 이 식칼을 사잖아" 이런 정보를 잘 알고 있습니다. 심지어 아이들도 기업을 잘 압니다. 아이들에게 물어보십시오. "아들, 나이키 운동화 사주면 돼?" "아빠, 요즘 누가 나이키를 사요. 요즘은 우리 애들은 다 ○○○를 신어요." 이런 대답이 돌아옵니다. 이런 것이 모두 기업에 대한 정보입니다. 생각해보십시오. 아이폰이 뜰 때, 노스페이스가 뜰 때, 주변에서 모두 이런 일을 겪었습니다. 그런 종목에 들어가면 됩니다.

뭔가 확신이 안 선다면, 그래도 잘 모르겠다면 가족회의를 하십시오. 방탄소년단이 뜬다는 건 중학생들이 제일 먼저 알았습니다. 엄마만 해도 엑소가 절대지존이었는데 '요즘은 방탄이 대세예요'라고 했습니다. 그때 방탄소년단을 키우는 기획사를 검색해봤어야 하는 것이었죠. 아들이 하루 종일 게임을 합니다. 옆에서 보니 게임에 접속하는 사람들 숫자가 어마어마합니다. SNS에 계속 그 게임 광고가 뜹니다. 그러면 아들에게 어떤 게임이 요즘 대세인지 확인해보십시오. "광고는 많이 하는데, 요즘은 그 게임 안 해"라고 하면 그 종목에서 나올 때가 된 것입니다. 아주 쉽게 정리해보면 다음과 같습니다.

톱다운   주도주, 섹터→그중에 내가 아는 것
바텀업   내가 제일 잘 아는 것→가족 모두가 제일 잘 아는 것

이렇게만 접근해도 종목을 구성하는 안목이 생깁니다. 이 두 가지 중에서 굳이 집중해야 하는 방향이 뭐냐고 묻는다면 당연히 톱다운 방식입니다. 바텀업 방식은 본인이 잘 아는 분야에서 보완하는 방식으로 하면 됩니다.

톱다운과 바텀업 방식의 비율을 정하라면 9 : 1로 접근해야 합니다. 성장주, 주도주에서 수익이 나기 때문입니다.

KOSPI 10000

4

체크리스트를 만들어라 | 차트 겁먹지 말라, 역사책이다 | 재무제표 보기 : 장사는 잘하고 봐야 | 알파벳 친구들 : '역의 역'을 칠 때까지 가지고 놀아야 | 부채 : 이건 경고, 알람, 사이렌이다 | 시총과 거래량 : 명심하라. 주식은 인기 투표 | 배당 : 법 없이도 살 사람을 찾아라 | 공시 자료는 5년 치를 보세요 | 나 대신 검증해주는 고마운 사람 : 애널리스트 리포트 | 언론 기사는 비판적으로 읽어라

깐깐한 검증

: 차트에서 재무제표까지

체크리스트를 만들어라

종목을 산다는 것은 내가 그 종목에 '홀렸다'고 생각하는 것입니다. 살 때 기대감이 없는 사람은 없습니다. 그러나 투자자라면 홀리기 직전에 꼼꼼하게 검증을 해야 합니다. 꼭 이 종목을 사야 하는지 체크리스트를 거쳐야 합니다. 앞으로 살펴볼 차트 분석, 제무재표 분석, 기사와 리포트 이해하기 등은 모두 이 체크리스트를 위한 일입니다. 체크리스트의 목적은 명확합니다. 살리기 위한 도구가 아니라 걸

러내기 위한 도구입니다. 살리기 위해서가 아니라 죽이기 위해서 필요합니다. 조건에 맞지 않으면 과감히 제외하는 것입니다. 이렇게 강한 표현을 쓰는 이유는 그만큼 이 일이 중요하기 때문입니다.

초보 투자자들에게 체크리스트를 만들어보라고 하면 대부분 서너 개 정도밖에 작성하지 못합니다. 괜찮습니다. 간단한 것부터 시작하면 됩니다. 거창하고 어려운 것이라고 생각하지 않아야 합니다. 지금까지의 내용만으로도 충분히 체크리스트를 만들 수 있습니다. 예를 들면 이런 겁니다.

—나는 지금 조급한가?

—이 기업의 사업 내용(이야기)을 제대로 이해하고 있는가?

—꼭 이 종목이어야 하는 이유까지 도달했는가?

벌써 세 가지 점검 항목이 나왔습니다. 이렇게 체크리스트를 만들어두고 투자 대상 종목을 하나하나 대입해봅니다. 그러면 자연스럽게 부적합한 종목들이 걸러집니다. 가끔 이런 말을 듣습니다. "제가 만든 체크리스트가 너무 까다로운 것 같아요. 살 종목이 하나도 없어요." 좋은 징조입니다. 그런 경험이 있다면 제대로 된 투자자가 되어가고 있다는 것입니다. 제대로 걸러내고 있다는 증거입니다.

체크리스트는 쉽게 통과되어서는 안 됩니다. 종목이 체크리스트에 걸릴 때 도리어 기뻐하십시오. '나는 너희들에게 속지 않았어'라고 기쁘게 생각하는 것입니다. 이런 습관을 들이면서 체크리스트를 점점 정교하고 세밀하게 만들어가는 것이 투자 고수로 성장하는 길입니다.

누가 사라고 했으니까 산다는 식으로 무턱대고 따라 사는 것이 아닙니다. 투자를 지속하려면 반드시 자신만의 체크리스트를 통과한 종목만 매수해야 합니다. 살리기 위해서가 아니라 죽이기 위해서라고 했습니다. 차트, 재무제표를 보는 것도 죽이기 위함입니다. 겉모양부터 속살까지 점검하는 것입니다.

차트 겁먹지 말라, 역사책이다

우선 겉모양부터 제대로 살펴봅시다. 사람으로 치면 허우대는 멀쩡한가, 용모는 단정한가, 옷은 잘 입는가를 보는 겁니다. 이걸 판단하기 위해 차트를 보는 겁니다. 초보 투자자들은 차트에서 겁을 먹습니다. 그럴 필요 없습니다. 아무것도 아닙니다. 쉽게 말해 차트는 역사책입니다. 어제까지의 차트는 있어도 내일의 차트는 없습니다. 내일을 말하는 예언서는 믿을 수 없지만, 이미 있었던 과거를 기록한 차트는 이해하면 됩니다. 우리가 역사책을 보는 이유와 같은 이유로 과거의 패턴이 궁금할 때 참고해서 보는 목적이면 충분합니다.

어떤 분들은 차트 분석이나 혹은 퀀트(계량적 분석)에서 프로 수준의 전문가가 되려 합니다. 퀀트가 무엇인지 잠깐 설명 드리면, PER 10 이하, ROE 15% 이상, 부채비율 100% 이하, 영업이익률 10% 이상 등과 같은 계량적 분석을 말합니다. 보통 증권사에서 이런 작업을 합니다. 전문가의 영역입니다. 공부를 한다면 말리지는 않겠습니다. 그러나 주식 투자를 위해 공부는 하되 연구자나 전문가가 될 필요까지는 없다고 말씀드렸습니다. 이제 차트를 한번 보겠습니다. 차트는 그림 4-1과 같이 생겼습니다.

일단 차트에서 필수적으로 이해해야 하는 것은 양봉과 음봉입니다. 양봉과 음봉이라는 말이 한자어라서 낯설게 느껴질 수 있습니다. 양봉陽棒은 장 시작 가격보다 장 마감 가격이 높을 때, 즉 가격이 올랐을 때를 표시합니다. 보통 빨간색이나 흰색으로 표시되는데, 양陽이 밝다, 긍정적이다는 의미를 담고 있기 때문입니다. 반대로 음봉陰棒은 장 시작 가격보다 장 마감 가격이 낮을 때, 즉 가격이 떨어졌을 때를 표시합니다. 이는 보통 파란색이나 검은색으로 표시되며, 음陰이 어둡다, 부정적이다는 뜻을 지니고 있기 때문입니다.

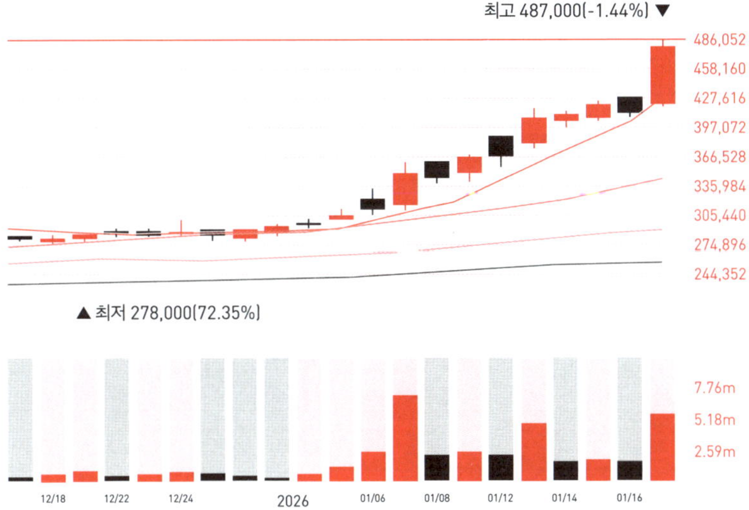

‘봉’이라는 표현을 쓰는 이유는 차트에서 하루 가격 변동을 표시할 때 직사각형 막대기 모양으로 그리기 때문입니다. 이를 캔들candle이라고도 부르는데 촛불처럼 생겼다고 해서 붙은 명칭입니다. 쉽게 말하면 양봉은 상승한 날을 의미하고 빨간 막대기로 표시되며, 음봉은 하락한 날을 뜻하고 파란 막대기로 나타납니다. "오늘 양봉으로 마감했다"는 말은 오늘 주가가 올랐다는 의미이고, "3일 연속 음봉이다"라고 하면 사흘 동안 계속 떨어졌다는 뜻입니다. 이 용어들은 일본에서 개발된 캔들 차트 기법에서 유래한 것입니다.

간간한 검증

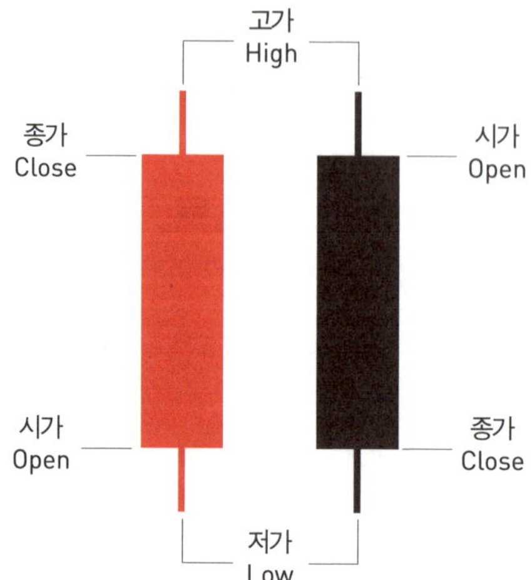

그림 4-2의 양봉과 음봉을 보면 위아래로 달린 꼬리(그림자)가 있습니다. 이건 무엇일까. 위에 달린 꼬리가 길다는 것은 장중에 높은 가격까지 올랐다가 매도 압력을 받아 내려왔다는 의미이고, 아래에 달린 꼬리가 길다는 것은 장중에 낮은 가격까지 떨어졌다가 매수세가 받쳐주어 회복했다는 뜻입니다.

위꼬리가 긴 양봉은 위로 올라가기에 저항이 강하다는 신호입니다. 아래꼬리가 긴 양봉은 한번 떨어졌다가 강하게 반등한 모습인데, 이는 아래쪽에서 올라가려는 지지가 강하다는 의미입니다. 위꼬리가 긴 음봉은 고점에서 부담이 크다는 것을 나타내므로 주의가 필요합니다. 하지만 아래꼬리가 긴 음봉은 저점에서 지지가 강하다는 뜻이므로 반등 가능성을 시사합니다.

캔들 차트 아래에 보이는 몇 개의 '선'은 이동평균선으로 주가의 평균값을 이어놓은 것입니다. 예를 들어 5일 이동평균선은 최근 5일 동안의 주가를 평균 낸 값을 매일 계산해서 선으로 그은 것이죠. 20일 이동평균선은 최근 20일 동안의 평균값을 계산해서 이어둔 것입니다. 이 선을 왜 보는 것일까요. 주가는 매일 엄청나게 오르락내리락해서 지저분하게 보이는데, 이동평균선을 그으면 전체적인 흐름이 한눈에 보입니다. 이는 주가의 나무가 아니라 숲을 보기 위한 것입니다.

이 선들이 어떤 순서로 배열되는 모습이냐에 따라 주가의 흐름을 파악할 수 있습니다. 순서는 복잡한 게 없습니다. 단기 선에서 장기 선으로 깔려 있느냐, 장기 선에서 단기 선으로 깔려 있느냐입니다.

이 선들의 배열에는 정배열과 역배열이 있습니다. 정배열은 어떤 모습일까요. 다음 페이지의 그림 4-3을 보시죠. 가장 쉬운 모양은 5일 선이 제일 위에 있고, 그 아래에 20일 선, 60일 선, 120일 선 순서로 깔려 있는 겁니다. 정배열로 되어 있다는 건 최근 주가가 과거보다 계속 높아지고 있다는 뜻입니다. 상승 추세에 있다는 신호이고, 사는 쪽이 우세한 상황입니다.

그림 4-3 이동평균선

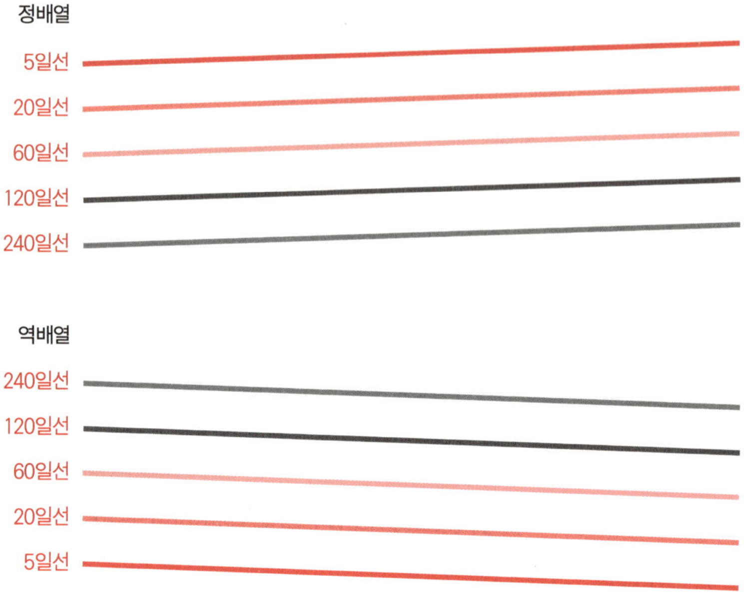

역배열은 정배열의 반대니까 장기 이동평균선이 단기 이동평균선보다 위에 있는 상태입니다. 가장 쉬운 모양은 120일 선이 제일 위에 있고, 그 아래로 60일 선, 20일 선, 5일 선 순서로 배열되어 있습니다. 이는 최근 주가가 과거보다 계속 낮아지고 있다는 뜻입니다. 하락 추세에 있다는 신호이고, 파는 쪽이 우세한 상황입니다. 기본적으로 정배열일 때 사고, 역배열일 때 파는 것이 원칙입니다. 상승 흐름을 타고 있을 때 사고, 하락 흐름에 있을 때는 피하거나 파는 것이죠.

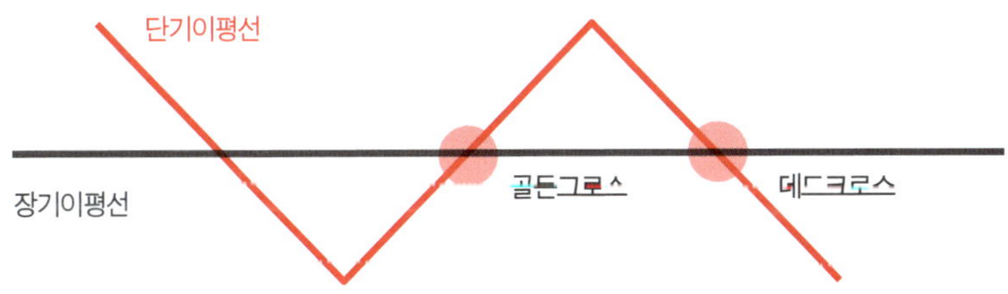

장기 선과 단기 선이 교차할 때가 있는데, 두 경우를 알면 됩니다. 하나는 골든크로스, 또 다른 것은 데드크로스입니다. 단기 이동평균선(예 : 5일 선)이 장기 이동평균선(예 : 20일 선)을 뚫고 올라가는 것을 골든크로스라고 합니다. 최근 주가가 과거보다 빠르게 오르고 있다는 것입니다. 이는 좋은 신호로 봅니다. 반대로 단기 선이 장기 선 아래로 내려가는 것을 데드크로스라고 하는데 최근 주가가 과거보다 약해지고 있다는 나쁜 신호입니다.

주식 투자를 하다 보면 이런 말을 듣게 됩니다. "5일선이 꺾이면 팔아라." 이게 무슨 말이냐하면 5일 이동평균선이 위로 올라가다가 방향을 틀어서 아래로 꺾이기 시작하면, 단기 상승 추세가 끝났다는 의미이니 팔라는 것입니다. "20일선이 뚫리면 사라"는 말도 있습니다. 주가가 떨어지다가 20일 평균선을 뚫고 올라가면 반등 신호니까 사라는 뜻입니다. 이런 기계적인 해석이 항상 맞는 건 아니지만, 알고는 있어야 합니다.

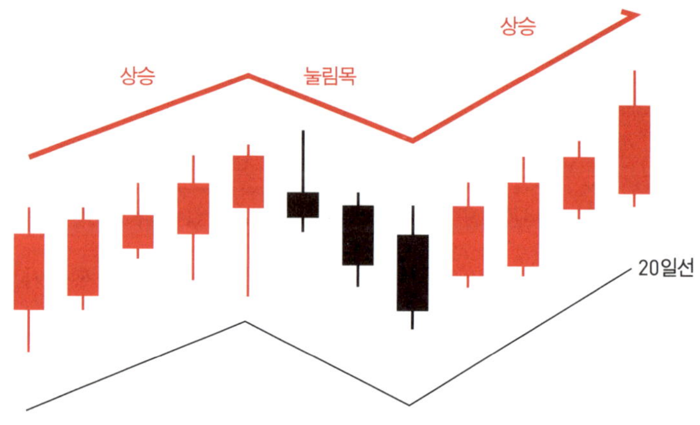

주가는 그림 4-5처럼 일직선으로 계속 오르거나 내리지 않습니다. 오르다가 잠깐 쉬기도 하고, 내리다가 잠깐 튀기도 합니다. 이런 조정을 눌림목, 되돌림이라고 합니다. 눌림목은 주가가 올라가는 중에 잠깐 조정을 받는 것을 말합니다. 계단을 오를 때 한 계단 내려갔다가 다시 두 계단 오르는 형태과 비슷합니다. 이때 이동평균선의 정배열 상태는 그대로 유지되면서 단기적으로만 조정을 받습니다. 전체적인 상승 흐름은 살아 있기 때문에 다시 상승할 가능성이 높습니다. 이 눌림목을 버티고 재상승하면 강한 상승 신호로 봅니다.

되돌림은 눌림목의 반대입니다. 주가가 하락하는 중에 잠깐 반등하는 것을 말합니다. 역배열 상태에서 일시적으로 주가가 오르는 것이기 때문에, 전체적인 하락 추세는 여전히 유지되고 있습니다. 따라서 다시 하락할 가능성이 높습니다.

주가가 크게 떨어진 후 바닥을 찍고 반등하려 할 때 나타나는 패턴들이 있습니다. 그중 하나인 더블바텀(쌍바닥)은 비슷한 저점을 두 번 만들고 나서 반등하는 패턴입니다. 한 번 바닥을 찍고 올랐다가 다시 비슷한 수준까지 떨어졌는데도 더이상 안 떨어지고 버티면, 그 자리가 진짜 바닥이라는 신호입니다.

그림 4-6 더블바텀

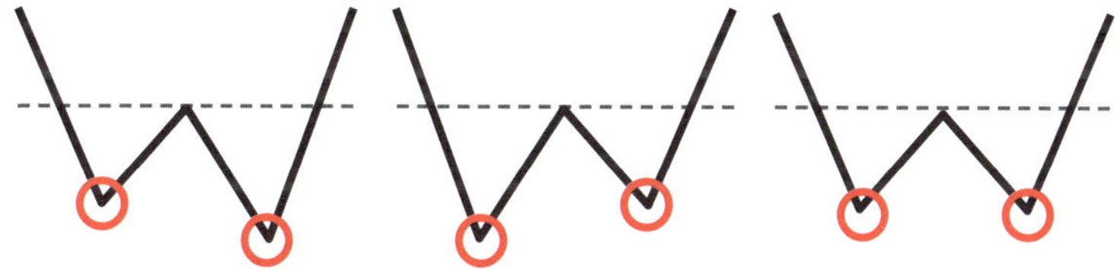

더블바텀이 있으면 더블톱이 있을 겁니다. 그 이상 못 올라간다는 뜻이니 진짜 꼭대기라는 신호입니다.

깐깐한 검증

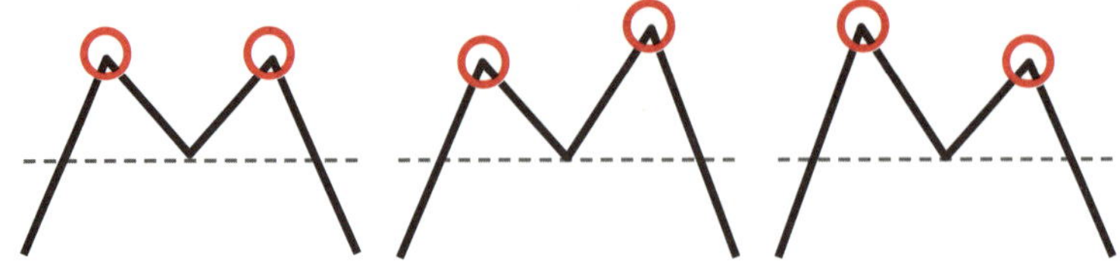

또 하나 알아두어야 하는 패턴 중의 하나는 헤드앤숄더입니다. 헤드는 머리, 숄더는 어깨라는 뜻이니, 헤드앤숄더라는 것은 가운데에 높은 머리 모양이 있고 양옆에 어깨가 있는 패턴입니다. '무릎에서 사서 어깨에서 팔라는 말을 할 때의 그 어깨입니다. 고점이 세 번 보이는 패턴입니다. 기본적으로 헤드앤숄더는 하락 추세에서 나타나는 패턴인 것은 금방 이해하실 겁니다.

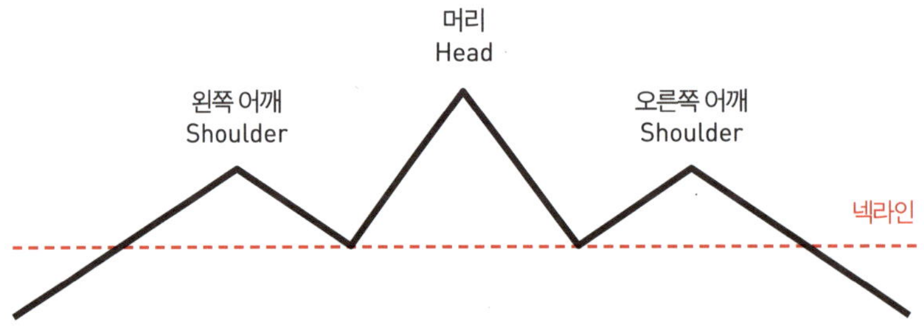

이보다 눈여겨 봐야 하는 건 역헤드앤숄더입니다. W자 모양을 그리고 나서 상승하는 패턴입니다. 이런 바닥권 패턴이 나타나면서 거래량이 크게 늘어나고 정배열로 전환되면, 그때가 매수 타이밍입니다. 바닥을 확인했고 상승 추세로 돌아섰다는 확실한 신호이기 때문입니다.

그림 4-9 역헤드앤숄더

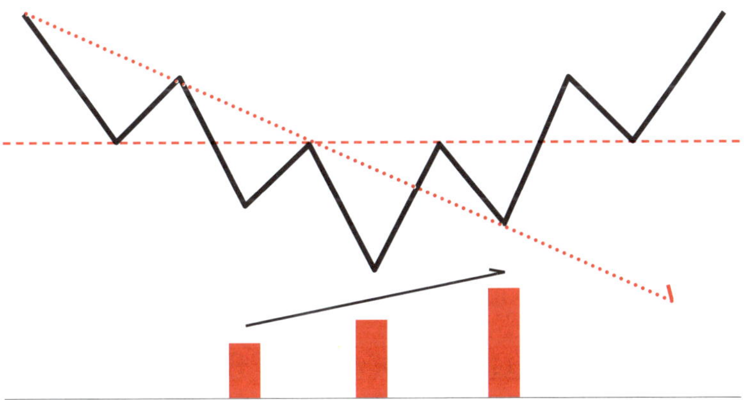

재무제표 보기 : 장사는 잘하고 봐야

차트는 허우대라고 했습니다. 일단 겉으로 볼 때 올라가는 종목이냐 내려가는 종목이냐를 보는 겁니다. 최고점이 어느 정도였고, 바닥이라고 해도 여기 밑으로는 안 내려가네 등의 이력을 보는 겁니다. 이제 속살을 파헤쳐봐야 합니다.

속살을 보는 게 바로 재무제표를 보는 것입니다. 초보자들이 제일 싫어하는 게 바로 재무제표입니다. 열어보면 갑갑합니다. 그런데 힘들어하지 않아도 됩니다. 처음에는 필수적으로 봐야 할 것들만 반복해서 보면 됩니다. 우리가 공부를 할 때도 반드시 출제되는 문제부터 확실히 익히고 나면, 자연스럽게 다른 것도 눈에 들어오듯이 말입니다.

가장 먼저 무엇을 봐야 하는지 다 아실 겁니다. 기업이 저평가되었든 고평가되었든 일단 장사는 잘하고 봐야 합니다. 장사가 잘된다는 건 무엇으로 보입니까. 매출, 영업이익, 당기순이익입니다. 아주 쉽게 말해 장사는 잘되니? 먹고는 사니? 이런 걸 물어보는 겁니다.

"먹고는 사니?"라는 질문에 '오늘만 먹고 산다'는 안 됩니다. 그래서 매출, 영업이익, 당기순이익은 3년 치를 봐야 합니다. 아무리 마음이 가는 기업이라도 이 질문에 대한 대답이 명확하지 않으면 피도 눈물도 없이 걸러내야 합니다. 주식 투자를 할 때는 본인이 K-POP 스타 오디션 심사위원장이라고 생각하십시오. 오디션을 열었는데 전국에서 1만 명이나 응시를 했습니다. 1차 심사에서는 자세히 들을 틈도 없습니다. 1초 듣고 탈락, 또 1초 듣고 탈락입니다. 1차 심사 끝나면 1만 명에서 100명 정도 남고 9,900명이 대거 탈락합니다. 이런 1차 관문에는 여지가 없습니다. 먹고는 사냐는 이 질문이 바로 1차 심사입니다. 이 심사를 통과 못 하면 피도 눈물도 없이 다 죽여야 합니다. 표현을 강하게 하는 이유는 그만큼 중요하다는 뜻입니다. 그럼 어떤 기업을 죽여야 하느냐. 첫째, 적자기업 아웃입니다. 둘째, 들쑥날쑥 기업도 아웃입니다. 셋째, 핵심 사업에서 힘을 못 쓰면 아웃입니다. 넷째, 추세가 꺾인 기업도 아웃입니다.

쉬운 판단 기준일 것 같지만 의외로 그렇지 않습니다. "그래도 대기업이잖아. 설비 투자를 많이 하느라고 잠깐 이익이 안 좋은 거겠지." 이런 식으로 핑계를 대고 희망 고문을 하면서 들고 있습니다. "아니, 올해만 잠깐 우발적 사유로 안 좋은 거야"라고 생각하면서 못 버립니다. 마음이 약해지면 안 됩니다.

특히 핵심 사업, 핵심 제품이 부진한 기업은 안 됩니다. 예를 들어 BTS 앨범의 판매가 신통치 않으면 하이브 주식을 내려놔야 합니다. 불닭볶음면 매출 증가율이 꺾이는 순간 삼양식품을 버려야 하는 것입니다. 반도체 매출이 힘을 못 쓰면 삼성전자라도 아웃입니다. '그래도 옛날에 잘하던 회사니 다시 살아날 거야. 오히려 지금 가지고 있는 게 나중을 위해 좋을 거야'라는 식으로 판단하면 안 됩니다. 냉정하게 말해 희망 고문입니다. 눈이 멀어서 못 헤어지면 나중에 할 수 있는 일은 기도밖에 없습니다.

시선을 과감히 돌려보십시오. 장사 잘하고 실적 잘 내고 수출 잘하는 기업들이 널려 있습니다. 실적을 기반으로 쭉쭉 잘나가는 회사를 마다하고, 적자에 힘을 잃어가는 기업과 굳이 굳이 결혼할 필요가 없습니다.

재무제표를 왜 봐야 할까요. 직접 확인하는 겁니다. "이 기업 걱정하지 마십시오. 이번 적자는 회계 착시에 불과합니다"라는 기사를 봤다고 합시다. 그런데 3년 치 재무제표를 들여다보니 영업이익이 전년 동기 대비 49%가 감소했습니다. 이러면 안 되는 겁니다. 반대의 상황도 가능합니다. "업계 거물도 이제 고점인가. 큰손들 던지기 시작하다." 이런 부정적 뉘앙스의 기사를 봤습니다. 그런데 재무제표를 보니 영업이익이 전년 동기 대비 252%나 늘었습니다. 그러면 던지면 안 되겠지요. 이런 확인이 얼마나 중요한지는 실전 투자에 들어가보면 알게 될 것입니다. 일단 장사가 잘되는 회사, 먹고는 사냐는 질문에 확실한 답을 내놓는 회사를 골라야 합니다.

알파벳 친구들 :
'역의 역'을 칠 때까지 가지고 놀아야

재무제표를 보면 PBR, PER, ROA, ROE, EBITDA 등 알파벳으로 된 친구들을 만나게 됩니다. 어려워하지 마십시오. 단호하게 말씀드리면 이거 사실 기초입니다. 정말 솔직하게 생기초입니다. 들어도 무슨 말인지 모르겠고, 어렵게만 느껴지고, 당최 머리에 남지를 않는데, 이게 기초라니. 이렇게 생각이 드실 겁니다. 아닙니다. 주식 투자를 하는 사람들 대부분이 이걸 압니다. 나 빼고 다 알고 있다고 생각하십시오. 지금까지 많은 설명을 들었어도 어렵게 느껴졌다면, 어렵게 설명하는 것만 들어서 그렇습니다. 알고 보면 매우 쉽습니다.

여기서 한 말씀 더 드립니다. 이런 지표는 아는 정도를 넘어서 속임수까지 발견할 수 있을 정도의 수준까지 가야 합니다. 기업의 재무제표는 모두 공개됩니다. 기업에서 마음을 먹고 모든 사람들을 속이려면 이런 지표들에 손을 대기도 합니다. 투자를 하는 사람은 우리를 속이는 자가 있다고 생각해야 하고 '네가 나를 속인다면, 나는 역의 역으로 너를 되치기 하겠다'는 머리까지 굴려야 합니다.

아무것도 모르는 상태인데 이런 용어들이 생기초라고 하질 않나, 역의 역을 칠 정도까지 가야한다고 하질 않나. 앞이 캄캄할 수 있습

니다. 그러나 이런 지표들의 본질을 알게 되면 무릎을 탁하고 치게
되실 겁니다

우선 PBR부터 깨봅시다. PBR은 주가순자산비율입니다. 주가를 주
당 순자산으로 나눈 값이라는 뜻입니다. 회사가 지금 당장 문을 닫고
청산한다면 주주들에게 돌아갈 몫에 대비해 주가가 몇 배인지를 나
타냅니다. 설명이 어렵지요. 지금까지는 이런 설명을 들으니 어려웠
던 겁니다. 이야기로 풀어서 설명을 해보겠습니다. 여기 김철수라는
사람이 있습니다. 서로 이렇게 이야기를 한다고 생각하십시오.

나   당신 재산이 얼마예요?

김철수   10억 원 있습니다. 8억 원 되는 아파트가 있고, 예금이
          1억 원 있고, 1억 상당의 보석이 있습니다.

나   좋아요 김철수 씨. 당신이 10억 원을 가지고 있는 게
          맞군요. 알겠습니다. 내가 당신을 영혼까지 사겠습니
          다. 당신을 제게 파십시오.

이리하여 김철수 씨는 제게 자신을 팔았고, 저는 김철수 씨를 샀습니다. 그리고 김철수를 주식으로 만들어서 사람들에게 팔기 시작합니다. 그럼 얼마에 팔기 시작해야 될까요? 당연히 10억 원일 겁니다. 판다는 것은 남겨야 하는 것인데 10억에 샀으니 본전은 회수해야 하는 것입니다. 10억 원에 산 것을 10억 원에 팔면 1 : 1이겠지요. 이걸 PBR 1이라고 합니다. 자산 대비 주가입니다. 자산 1 : 주가 1 = PBR 1 입니다. 이게 PBR 1이 출발선입니다. 좋지도 나쁘지도 않은 딱 출발선입니다.

그런데 사람들이 김철수를 사지 않습니다. 너무 안 팔립니다. 깎아줄게, 김철수 9억 원에 사라고 해도 안 삽니다.

나	9억 원으로 할인했는데, 왜 안 사니? 김철수의 전 재산 10억 원을 다 팔아버리면 앉은자리에서 1억이 남는 장사인데 왜 안 사?
사는 사람	김철수가 예금이 1억 원이나 있다고? 난 안 믿어. 그 친구에게 숨겨진 도박 빚이 2억 원이나 되거든. 예금 1억 원이 진짜 +1억 원이 아니라 사실상 현금은 −1억 원인 셈이지.

그러면 얼마에 내놓게 될까요. 8억 원에 팔게 됩니다. 이게 PBR이 0.8이 되는 겁니다. PBR이 1 밑으로 떨어져서 0.8, 0.5, 0.3으로 내려가고 있다면 이 기업은 뭔가 잘못된 겁니다. 사람들이 제값을 안 쳐준다는 것입니다.

이렇게 PBR의 정의, PBR 1의 의미, 0점대 PBR의 의미까지 아주 쉽게 익히셨을 겁니다. 김철수라는 주식에 대해 너무 짜증이 납니다. 제가 김철수한테 가서 이렇게 말합니다.

나   나한테 사기를 치면 어떡해? 네가 가지고 있다는 예금이며 보석을 아무리 설명해도 사람들이 믿지를 않아. 꿈쩍도 안 한다고. 나도 사실 당신을 못 믿겠어. 이제 당신이 말한 그 아파트도 확인해봐야겠어. 8억 원 간다는 아파트가 어디 있어?

김철수   그 아파트는 바로 압구정 현대 아파트야.

나   뭐라고? 그 아파트는 시가 60억 원이잖아. 왜 나한테는 8억 원짜리 아파트라고 했어?

김철수   40년 전에 샀던 계약서에 적힌 금액을 그대로 지금까
         지 안 바꾸고 있었을 뿐이야.

나   아니, 왜? 왜 그렇게 하는데?

김철수   사람들이 나를 PBR 0.3짜리로 취급해줘야 내 주식이
         싸게 매겨질 거잖아요. 그래야 내가 내 아들에게 싸게
         상속할 수가 있잖아요.

이걸 알고 나니 아차 싶습니다. 뒤통수를 세게 맞은 것 같습니다. 상
속 때문에 PBR이 낮은 걸 의도했다니. 이게 '역'을 친 겁니다. 기업
의 자산을 현재 자산 가치가 아니라 그 옛날 장부에 적힌 금액으로
평가해두고 있는 겁니다. 그러면 나는 '역의 역'을 칠 생각을 해야
합니다. 김철수의 아파트를 시가로 전환하면 단번에 60억 원 부자
가 되는 걸 알아챘습니다. 그러면 이렇게 마음 먹어야 하는 것입니
다. '네가 아무리 속여봐라. 내가 속나?' PBR 0점 대에 있는 기업들
중에서 보석을 숨기고 있는 주식을 찾아내서 걸어 올리면 되는 겁니
다. 이게 '역의 역'을 친다는 것입니다.
　다시 정리하면 PBR이 1보다 높다는 건 그 기업이 청산가치보다

비싸게 매겨지고 있는 것입니다. 왜 더 비싸게 매겨질까요? 그 기업의 성장성, 현재의 수익성 등이 반영된 것입니다. PBR이 1보다 낮다는 건 청산가치보다 낮게 거래되고 있다는 뜻입니다. 여러 이유가 있을 수 있습니다. 사양 산업이어서 그럴 수도 있고, 회사 내부에 문제가 있어서 낮을 수도 있습니다.

PBR이 1보다 낮은 건 보통 좋지 않게 해석되지만, 이런 기업 중에 저평가 가능성이 있는 친구들이 있습니다. 저평가된 기업들이 많기 때문에 현재 정부가 저PBR 개선 정책을 추진하는 겁니다. 투자자들이라면 개선이 되기 전에 PBR 1 미만의 우량주들에 주목해야 하는 것입니다.

PBR을 이해했던 것처럼 다른 알파벳 지표들도 본질을 이해하고 나면 어렵기보다는 도리어 재미있어 질 것입니다. 대표적인 지표들은 표 4-1를 참고하시면 됩니다.

PER		주가 ÷ 주당순이익
		주가가 비싼가
	안전 기준	낮을수록 저평가(업종별 상이) 너무 낮으면 기업에 문제가 있을 수 있음

PBR		주가 ÷ 주당순자산
		자산 대비 주가
	안전 기준	1 미만 저평가 가능성

ROE		(당기순이익 ÷ 자기자본) × 100
		자본으로 얼마나 버나
	안전 기준	10% 양호, 15% 우수, 20% 매우 우수

ROA		(당기순이익 ÷ 총자산) × 100
		자산으로 얼마나 버나
	안전 기준	5% 양호, 10% 우수

간간한 검증

영업이익률		(영업이익 ÷ 매출액) × 100
		본업 수익성
	안전 기준	8~10% 이상이면 양호

EPS		당기순이익 ÷ 발행주식수
		주식 1주당 이익
	안전 기준	증가 추세면 좋음

BPS		순자산 ÷ 발행주식수
		주식 1주당 자산
	안전 기준	주가가 BPS보다 낮으면 저평가

부채 : 이건 경고, 알람, 사이렌이다

매출, 영업이익, 당기순이익. 이런 건 좋은 점입니다. 사람으로 치면 앞모습입니다. 나쁜 것도 봐야 합니다. 뒷모습도 봐야 합니다. 바로 부채입니다. 부채를 보는 이유는 경고, 알람, 사이렌을 듣기 위해서입니다. 빚이 많다고 나쁜 게 아니다. 빚도 재산이다. 능력이 있으니까 빚도 얻을 수 있는 것이다. 이렇게 생각하는 분들이 있습니다. 그럴 수도 있지만 1차원적인 접근입니다. 부채를 봐야 하는 진짜 이유는 지금 이 회사가 위험해지고 있는지 여부를 예민하게 먼저 알아채기 위해서입니다.

특히 금방 갚아야 하는 부채, 1년 이내에 갚아야 하는 단기 차입금과 유동부채를 꼭 살펴봐야 합니다. 장기 부채는 상대적으로 여유가 있지만, 단기 부채가 많다는 것은 당장 현금 흐름에 문제가 생길 수 있다는 뜻이기 때문입니다.

그리고 당좌 비율 정도는 봐야 합니다. 당좌 비율은 '당장 돌아오는 빚'이라고 해석하면 쉽습니다. 김철수 씨의 이야기를 해보겠습니다. 김철수가 너무 괜찮은 사람입니다. 결혼을 해볼까 합니다. 그래서 물어봅니다.

나   한 달에 얼마 벌어요?

김철수   500만 원입니다.

나   카드는 한 달에 얼마나 써요?

김철수   400만 원 정도 씁니다.

이 이야기에 당좌 비율, 유동 부채 개념이 다 들어가 있습니다.

월급 500만 원   당좌 자산(당장 쓸 수 있는 돈)

카드값 400만 원   유동 부채(당장 갚아야 할 빚)

당좌 비율 $(500 \div 400) \times 100 = 125\%$

이러면 이해가 되셨을 겁니다. 즉, 당좌 비율은 회사가 당장 갚아야 할 빚을 갚을 수 있는 능력을 보여주는 지표입니다. 쓸 수 있는 돈과 갚아야 하는 돈이 같으면 당좌 비율이 100%입니다. 100% 이상이면 양호, 100% 미만이면 현금 유동성에 주의가 필요하며, 업종 및 다른 지표와 함께 검토 필요한 상황입니다. 당좌 비율이 심각하다면 그 기업의 살림살이가 빡빡하다는 것입니다.

회사든 사람이든 빡빡해지는 상태로 계속 살기는 어렵죠. 그럼 결국에는 더 큰돈을 필요로 하게 됩니다. 회사는 어떻게 돈을 마련할까요. 큰 규모로 유상증자를 하든지 회사채를 발행해야 됩니다. 이런 질이 좋지 않은 자금 수혈이 2~3번 정도 이루어지면 그 기업은 사실상 상장 폐지 수준의 기업이라고 보면 됩니다.

유상증자를 하는 게 그 정도로 위험한가, 사업을 더 잘하기 위해서 하는 일이 아닌가, 실패해도 다시 일어날 수도 있지. 이렇게 생각할 수 있습니다. 이것도 사람에 비유해서 이야기를 해보겠습니다. 자기가 가진 자산을 탕진한 자식이 도저히 답이 나오지 않자 부모님에게 손을 벌립니다.

자식   죄송합니다. 한 번만 도와주십시오. 정신 차리고 일어
     서겠습니다.

부모님   그래, 빚이 얼마니?

자식   2억 원입니다.

부모님　　너를 잘못 키운 내 탓도 있다는 생각이 든다. 이번 한
번은 도와줄테니 새사람이 되어야 한다.

자식　　네, 감사합니다.

그런데 1년 뒤에 자식이 또 찾아와서 부모님께 빚 좀 갚게 도와달라고 합니다. 그런 자식이 가망이 있다고 생각되지 않을 겁니다. 악성 자금 수혈은 해봐야 소용 없습니다. 유상증자가 두 번 세 번 반복되면 상장 폐지 수순으로 평가됩니다. 이 때문에 부채를 민감하게 여겨야 하는 것입니다. 사이렌을 듣고 있지 않다면 어떻게 될까요. 그 기업이 상장 폐지될 때 휴지 조각이 된 주식을 붙들고 죽는 사람이 되는 것입니다. 당좌 비율처럼 부채와 관련된 지표들이 있습니다. 다음의 표 4-2를 참고하시면 됩니다. 이 또한 본질을 한번 이해하고 나면 전혀 어렵지 않습니다.

부채 비율	(총부채 ÷ 자기자본) × 100
	빚이 얼마나 많은가
	안전 기준 100% 이하 양호, 200% 이상 주의

유동 비율	(유동 자산 ÷ 유동 부채) × 100
	단기 빚 갚을 능력
	안전 기준 최소 100% 이상

당좌 비율	(당좌 자산 ÷ 유동 부채) × 100
	당장 빚 갚을 능력
	안전 기준 100% 이상 양호, 150~200% 안전

이자보상 배율	영업이익 ÷ 이자 비용
	이자 낼 능력
	안전 기준 최소 2 이상, 1 이하 위험

시총과 거래량 : 명심하라. 주식은 인기 투표

차트도 보고 재무제표도 보고 다양한 분석을 통해 좋은 주식이라고 결론을 내렸습니다. 그렇게 해서 샀는데 주식이 안 오릅니다. 많은 분들이 여쭤보시는 "왜 제 주식은 안 올라요?"라는 질문입니다. 기업에 특별히 문제가 되는 이유가 없다면 답은 간단합니다. '나만 좋아해서'입니다. 아무리 봐도 저 정도의 가치가 아닌데 주가가 오르고 있는 기업이 있다면 그 이유는 '모두가 좋아해서'입니다.

주식은 인기 투표라고 했습니다. 이걸 인정해야 합니다. 주식이 결국 인기 투표라는 걸 인정했습니다. 그러면 이런 의문이 생깁니다. 신기루 같은 그 '인기'라는 걸 도대체 어떻게 측정할 수 있느냐. 이 질문에 대한 답을 찾기 위해 봐야 하는 지표가 바로 시총과 거래량입니다.

주식 차트를 보면 위쪽에는 촛불 모양의 주가 그래프가 있고, 그 아래쪽에 막대기 모양으로 거래량이 표시되어 있습니다. 거래량이 많은 날은 막대기가 길게 올라오고, 거래량이 적은 날은 막대기가 짧습니다. 보통 양봉(상승한 날)일 때는 빨간색 막대기로, 음봉(하락한 날)일 때는 파란색 막대기로 표시됩니다. 한눈에 오늘 거래가 많이 됐구나 또는 오늘은 거래가 별로 없었구나 등을 바로 알 수 있습니다.

거래량은 진실을 가리는 기준입니다. 주가가 오르는데 거래량이 없다면? 누군가 소량으로 장난을 치는 것일 수 있습니다. 진짜 상승이 아닙니다. 고점권에서 주가는 계속 오르는데 거래량이 점점 줄어든다면? 이건 '다이버전스Divergence'라고 하는데 곧 꺾일 수 있다는 위험 신호입니다.

주가가 오르면서 거래량도 폭발한다면? 시장 전체가 주목하고 있고, 실제로 많은 사람들이 사들이고 있다는 뜻입니다. 이것이 진짜 상승입니다. 주가가 바닥일 때 거래량이 터지기 시작하면 이제 오를 준비를 한다는 신호입니다. 반대로 고점에서 거래량이 폭발하면 이제 팔 타이밍이라는 신호일 수 있습니다. 주가가 계속 떨어지다가 어느 순간 큰 거래량과 함께 반등하면 뭘까요? "여기가 바닥이구나. 큰 손들이 주워 담기 시작했구나"를 알 수 있습니다.

기관이나 큰 손들이 주식을 모으거나 털어낼 때는 반드시 거래량에 흔적이 남습니다. 조용히 있다가 갑자기 거래량이 며칠간 지속적으로 증가한다면? 누군가 모으고 있는 겁니다. 반대로 큰 상승 후 거래량이 폭발한다면? 큰손들이 털어내고 있을 가능성이 높습니다.

주식 투자에서 52주 신고가(최근 1년인 52주 동안 해당 종목이 기록한 가장 높은 주가)를 돌파하거나 중요한 저항선이 뚫렸을 때, 거래량이 함께 터져야 진짜 돌파라고 할 수 있습니다. 거래량이 없이 넘어가면 곧 다시 밑으로 내려올 가능성이 높습니다. 이를 가짜 돌파라고 합니다. 즉 똑같은 상승이라도 거래량에 따라 경우가 다른 겁니다.

주가가 똑같이 1만 원 상승해도 거래량에 따라 의미가 완전히 달라집니다. 때문에 주가만 보고 투자하는 것은 자동차를 속도계만 보고 운전하는 것과 같습니다. 거래량은 엔진의 RPM(회전수)과 같습니다. 이걸 함께 봐야 차가 정말 힘차게 달리고 있는지 아니면 겉만 번지르르한지 알 수 있습니다. 미국의 저명한 애널리스트이자 증권가의 전설적인 인물인 조셉 그랜빌이라는 사람은 "거래량은 주가에 선행한다", "주가는 거래량의 그림자에 불과하다"라며 거래량에 기반하는 주식 투자 이론을 만들었습니다. 온밸런스 볼륨On-Balance Volume(OBV) 지표라고 하는 이 이론은 주가가 상승한 날의 거래량은 더하고, 하락한 날의 거래량은 빼는 방식으로 누적하는 것으로 현재에도 널리 사용되는 기술적 분석 지표입니다. 그만큼 거래량이 중요합니다.

거래량과 함께 알고 있어야 하는 개념이 또 있습니다. 바로 거래 대금입니다. 거래량은 주식이 몇 주 거래되었는지를 나타내는 것이겠지요. "오늘 100만 주가 거래됐다"는 식으로 표현됩니다. 반면 거래 대금은 실제로 얼마의 돈이 움직였는지를 나타내는 것으로 주가에 거래량을 곱한 값입니다.

A 종목   주가 100원, 거래량 100만 주

거래대금 = 100원 × 100만 주 = 1억 원

- -

B 종목   주가 10만 원, 거래량 1만 주

거래대금 = 10만 원 × 1만 주 = 10억 원

이 A와 B는 비교를 위해 든 극단적인 사례입니다. 그러나 이렇게 보면 정말 큰 자금이 들어오고 있는 것은 B 종목입니다. 거래량, 거래 대금은 함께 봐야 합니다. 이 두 가지는 모두 유동성과 관련이 있습니다. 주식은 거래되어야만 의미가 있습니다. 샀으면 팔아야 하는데, 팔고 싶어도 살 사람이 없으면 문제입니다. 그래서 유동성이 뒷받침되어야 합니다.

일평균 거래 대금이 100억 원 이상이면 유동성이 충분합니다. 이런 종목은 사려고 하면 바로 살 수 있고, 팔려고 하면 바로 팔 수 있습니다. 기관과 외국인 같은 큰손들도 거래하는 삼성전전자나 SK하이닉스 같은 대형주들이 여기에 해당합니다.

반대로 일평균 거래 대금이 10억 원 미만이면 유동성이 부족한 주식으로 주의가 필요합니다. 사려고 해도 파는 사람이 없어서 못 살 수 있고, 팔려고 해도 사는 사람이 없어서 못 팔 수 있습니다. 주가가 급등했을 때 빠져나오지 못해 손실을 볼 위험이 있으며, 소수의 큰손이 주가를 쉽게 조작할 수도 있습니다.

가령 어떤 종목에 좋은 뉴스가 나와서 주가가 20% 급등했습니다. 당신은 수익을 실현하고 싶어서 팔려고 합니다. 유동성이 좋은 종목이라면 클릭 한 번에 바로 팔리고, 원하는 가격에 팔 수 있습니다. 하지만 유동성이 나쁜 종목이라면 주문을 넣어도 체결이 안 됩니다. 팔려면 가격을 크게 낮춰야 하고 주가가 20% 올랐지만 실제로는 10%밖에 못 받고 팔 수도 있습니다. 최악의 경우 며칠 동안 못 팔 수도 있고, 그 사이에 주가가 다시 떨어질 수도 있습니다.

거래 대금은 어디서 확인할 수 있는가. 증권사 앱, 금융포털, 데이터 제공업체 등을 통해 쉽게 볼 수 있습니다. 종목별, 지수별, 시간

대별로 찾아볼 수 있습니다. 주식 투자를 하려면 본인의 거래 대금 기준을 정해야 합니다. 최소 일평균 거래대금 30~50억 원 이상인 종목을 권장합니다. 왜냐하면 비상시 탈출 가능성을 생각해야 하기 때문입니다. "이 주식을 내일 당장 팔아야 한다면 팔 수 있을까?"를 항상 생각해야 합니다.

배당 : 법 없이도 살 사람을 찾아라

종목을 고를 때 점검해야 하는 항목 중에 하나가 배당입니다. 배당이야말로 원래 주식 투자를 하는 근본적인 이유입니다. 주주는 회사에 투자하고, 회사는 주주들에게서 받은 자본으로 사업을 해서 이익을 남기고, 그걸 다시 주주들에게 돌려주는 것. 이것이 배당입니다. 배당은 투자에서 당연히 이루어져야 하는 순환입니다. 하지만 우리나라는 배당이 짜다 못해 거의 없다시피한 나라입니다.

왜냐하면 법과 제도가 그래도 되게 되어 있기 때문입니다. 그럼에도 불구하고 배당을 꾸준히 잘하는 회사가 있다면 기본적으로 돈도 잘 버는 능력 있는 회사라는 뜻이고, 그걸 주주들에게 순순히 잘 돌려주었다는 것이니 사람으로 치면 법 없이도 살 사람일 겁니다. 배당과 관련한 지표들을 보는 건 좋은 회사를 찾는 목적입니다. 특히 앞으로 배당소득 분리과세가 시행되기 때문에 이 부분을 매우 중요하게 챙겨야 합니다.

배당에 관해 다양한 지표가 있지만 그중에서 시가배당율 정도는 꼭 챙겨봐야 합니다. 시가배당율이 무엇인지 용어만 들어도 대략 감이 오실 겁니다. 예를 들어 보겠습니다.

A은행에 예금을 하면 이자를 3% 줍니다. A은행 주식이 1만 원이라고 하고 1주당 600원을 배당한다고 합시다. 이때 600원/1만 원=6%가 됩니다. 이를 시가배당율이라고 합니다. 이런 상황에서 1만 원을 들고 A은행의 주식을 사지 않고 A은행에 예금을 하는 사람이 있다면? 우리는 그 사람을 바보라고 하겠지요.

여기에서 김철수 씨를 다시 등장시켜 봅시다. 김철수 씨가 바보는 아니니까 A은행에 예금을 하는 대신에 A은행 주식을 삽니다. A은행 주식이 인기가 높아집니다. A은행 주식이 2만 원까지 올라갔습니다. 김철수 씨는 어떻게 되었을까요.

김철수 씨는 배당으로 한 번, 주가가 올라서 또 한 번, 두 번의 수익을 봤습니다. 이 과정을 지켜본 김철수 씨의 친구 홍길동 씨가 자신도 돈을 벌어보겠다며 2만 원에 A은행 주식을 삽니다. 그러면 홍길동 씨의 시가배당율은 얼마일까요? 600원/2만 원 = 3%가 됩니다. A은행에 예금하는 것보다 매력이 있습니까? 주식은 원금 손실의 위험까지 내포하고 있는데 같은 수익률이라니요. 당연히 매력이 없습니다. 시가배당율을 보고 있는 현명한 투자자는 예금에 비해 매력이 없어지는 구간을 돌파하자마자 배당주를 팔아버렸을 겁니다. 그런데 시가배당율을 모르는 홍길동 씨는 친구 김철수 씨의 사례만 보고 무조건 돈이 된다고 착각하고 주식을 뒤늦게 삽니다. 왜 이 주식이 더 오르지 않는지 이해도 못 하고 이제나저제나 내 주식 오를 때만 기도하며 기다리게 되는 것입니다.

배당과 관련되어서도 여러 용어들이 있습니다. 다음 페이지의 표 4-3을 참고하십시오. 이를 이해하는 데 있어서도 가장 중요한 것은 의미입니다.

표 4-3 배당 관련 용어들

배당수익률	(주당 배당금 ÷ 주가) × 100
	주가 대비 받을 수 있는 배당금 비율
	안전 기준 3% 이상 양호, 5% 이상 우수(업종별 상이)

배당성향	(배당금 총액 ÷ 당기순이익) or (주당 배당금 ÷ 주당순이익) × 100
	순이익 중 배당금으로 지급한 비율
	안전 기준 30~50% 적정, 100% 초과 주의(마이너스 위험)

시가배당률	(주당 배당금 ÷ 배당기준일 주가) × 100
	배당 기준일 기준 배당수익률
	안전 기준 배당수익률과 유사

총투자 수익률	주가수익률 + 배당수익률
	주가 상승분과 배당금을 합친 총수익
	안전 기준 높을수록 좋음

배당지속성		연속 배당 연수
		배당의 안정성과 지속성
	안전 기준	5년 이상 연속 배당 양호, 10년 이상 우수

배당성장률		$\{(당기\ 배당금 - 전기\ 배당금) \div 전기\ 배당금\} \times 100$
		배당금 증가율
	안전 기준	꾸준한 증가 추세가 좋음

배당 커버리지		주당순이익 ÷ 주당 배당금 or 당기순이익 ÷ 배당금 총액
		이익으로 배당을 감당할 수 있는 정도
	안전 기준	2배 이상 안정적, 1배 미만 위험

공시자료는 5년 치를 보세요

재무제표와 함께 보라고 이야기하는 게 공시자료입니다. 재무제표는 회사의 돈 상태를 보여주는 자료입니다. 매출이 얼마고, 영업이익이 얼마고, 당기순이익이 얼마고, 자산은 얼마고, 빚은 얼마고, 현금 흐름이 어떻고 등 숫자로 된 회계 정보입니다. 그러면 공시자료는 무엇인가. 회사가 투자자들한테 알려야 할 모든 중요한 정보입니다. 모든 정보라고 보면 됩니다. 재무제표도 공시자료에 포함됩니다. 재무제표는 3년 치를 보면 되는데, 공시자료는 5년 치를 봐야 합니다. 공시자료는 그 기업의 경영 전반을 보는 것인데, 경영이라는 건 맥락이 길기 때문에 3년 치만 봐서는 알 수 없습니다. 가령 기업에서 중요한 게 경영진인데, 어떤 사람들이 경영을 해왔는지를 3년만으로는 파악하기 어렵습니다.

공시자료에는 무엇이 들어가는지 살펴봅시다. 첫째, 재무 정보. 재무제표, 감사보고서, 실적 발표 등의 자료가 있습니다. 둘째, 경영 관련 정보입니다. 대표이사가 바뀌었다, 이사회에서 뭘 결정했다, 주주총회에서 어떤 일이 있었다 등의 내용이 들어갑니다. 셋째, 주식 관련 내용입니다. 유상증자를 한다, 자사주를 샀다, 자사주를 소각할 거다, 주식을 쪼갠다 등의 내용들이 들어갑니다.

이 외에도 들어가는 내용이 많습니다. 넷째, 소송이나 분쟁도 공시자료에 있습니다. 횡령 사건이 났다. 특허 소송이 걸렸다. 경영권 분쟁이 일어났다. 다 공시자료에 있습니다. 다섯째는 사업 변동 사항입니다. 합병을 한다. 어떤 회사를 인수했다, 공장을 짓는다, 사업을 접을 예정이다 등이 다 나옵니다. 여섯째는 내부자 거래 내역입니다. 대주주가 주식을 팔았다, 임원이 주식을 샀다 등의 내용이 다 나옵니다.

마지막으로 감사 의견이 담겨 있습니다. 회계법인이 '적정'이라고 했는지, '한정'이라고 했는지, '부적정'이라고 했는지 등의 내용도 공시자료에 나옵니다.

종목을 고르는 건 곧 결혼하는 일이라고 했습니다. 결혼을 하려면 집안 사정을 알아야지요. 이 회사에 어떤 스캔들이 있었는가. 어떤 분쟁이 있었는가. 어떤 개발이 이루어졌는가. 공시자료를 보는 건 결혼 전에 상대방 신상 조회하는 것과 같습니다. 이제 왜 5년 치를 봐야 하는지 이해가 되실 겁니다. 5년 전에 후계자인 남매가 싸웠습니다. 5년이 지나 화해했을까요? 그럴 가능성이 없습니다. 경영권 분쟁이 잠복해 있다가 또 다시 튀어나옵니다. 딸이 들고 나간 주식은 어떻게 됐을까요? 이런 게 궁금할 때 5년 치 공시자료를 보면 됩니다. 공시자료는 어디서 볼까요. DART(전자공시시스템)에 가면 모든 공시자료를 무료로 볼 수 있습니다.

정정신고(보고)

정정일자	2025-08-28

1. 정정관련 공시서류	소송 등의 제기·신청(경영권 분쟁 소송)
2. 정정관련 공시서류제출일	2025-08-13
3. 정정사유	신청취지 변경신청에 따른 정정
4. 정정사항	

정정항목	정정전	정정후
3. 청구내용	- 신청취지 1. 채무자 윤상현은 별지1 목록 기재 합의서 조항에 위반하여 아래 가.항, 나.항 기재 각 행위를 하거나 채무자 콜마홀딩스 주식회사로 하여금 위 각 행위를 하게 하여서는 아니된다. 가. 대전지방법원 2025비합50014 결정에 따라 소집 예정인 콜마비앤에이치 주식회사에 관하여 소집(소집통지 또는 소집공고를 위한 준비절차를 포함한다) 및 개최 절차를 진행하는 행위 나. 위 가.항 기재 임시주주총회가 개최되는 경우, 별지2 목록 기재 각 안건에 관하여 찬성하는 내용으로 별지3 목록 기재 주식의 의결권을 행사하는 행위 2. 채무자 콜마홀딩스 주식회사는 별지1 목록 기재 합의서 조항에 위반하여 위 제1의 가.항, 나.항 기재 각 행위를 하여서는 아니된다.	- 변경 후 신청취지 1. 채무자 윤상현은 아래 가.항, 나.항 기재 각 행위를 하거나 채무자 콜마홀딩스 주식회사로 하여금 위 각 행위를 하게 하여서는 아니된다. 가. 대전지방법원 2025. 7. 25. 자 2025비합50014 결정에 따라 소집 예정인 콜마비앤에이치 주식회사의 임시주주총회에 관하여 소집(소집통지 또는 소집공고를 위한 준비절차를 포함한다) 및 개최 절차를 진행하는 행위 나. 위 가.항 기재 임시주주총회가 개최되는 경우, 별지2 목록 기재 각 안건에 관하여 찬성하는 내용으로 별지3 목록 기재 주식의 의결권을 행사하는 행위 2. 채무자 콜마홀딩스 주식회사는 위 제1의 가.항, 나.항 기재 각 행위를 하여서는 아니된다. 3. 채무자들이 위 제1항, 제2항 기재 각 해당 의무를 위반

투자판단 관련 주요경영사항

1. 제목	듀비엠파정(CKD-398) 식품의약품안전처 국내 품목허가 승인	
2. 주요내용	1) 품목명: 듀비엠파정 - 성분명: 로베글리타존황산염/엠파글리플로진L-프롤린 - 함량: 0.5/10 mg, 0.5/25 mg 2) 대상질환명(적응증) 로베글리타존과 엠파글리플로진의 병용투여가 적합한 성인 제2형 당뇨병 환자 3) 품목허가 신청일 및 허가기관: - 신청일: 2025년 4월 23일 - 허가일: 2025년 12월 19일 - 품목허가기관: 식품의약품안전처(MFDS) 4) 기대효과: 엠파글리플로진과 메트포르민의 병용요법으로 혈당이 적절하게 조절되지 않은 제2형 당뇨병 환자에게 로베글리타존/엠파글리플로진 고정용량 복합제로 새로운 치료요법을 제공하며 복약 편의성을 증대할 것으로 기대함. 5) 향후 계획: 2026년 국내 시장 진출	
3. 이사회결의일(결정일) 또는 사실확인일	2025-12-19	
- 사외이사 참석 여부	참석(명)	-
	불참(명)	-
- 감사(사외이사가 아닌 감사위원) 참석여부	-	
4. 기타 투자판단과 관련한 중요사항		
- 상기 3. 이사회결의일(결정일) 또는 사실확인일은 식품의약품안전처로부터 품목허가 승인 획득일입니다.		
※ 관련공시	2025-04-23 투자판단 관련 주요경영사항(듀비엠파정(CKD398) 식품의약품안전처 국내 품목허가 신청)	

나 대신 검증해주는 고마운 사람 : 애널리스트 리포트

지금까지 깐깐한 검증을 위해 필요한 도구들이 무엇인지, 해야 하는 일이 무엇인지를 살폈습니다. 그런데 재무제표에 공시자료까지 봐도 안 보이는 것들이 있습니다. 내가 직접 그 회사의 생산 현장에 들어가 볼 수도 없습니다. 그럴 때 필요한 게 애널리스트 리포트입니다.

증권회사에서 내는 리포트를 믿지 말라는 말도 들어보셨을 겁니다. 하지만 애널리스트 리보트는 기본적으로 전문가가 쓴 것입니다. 프로가 매일매일 정리해주는 걸 왜 안 봐야 합니까. 심지어 공짜입니다. 시간이 없어서 못 보면 몰라도 이것을 안 보는 것은 말이 안 됩니다. 애널리스트는 바쁜 나를 대신해 회사 공장에 가보고, 만날 수 없는 회사 경영진을 만나고 옵니다. 내가 아무리 주주라도 대주주 10위 안에 들어가지 않으면 회사 경영진을 직접 만날 수 없습니다. 궁금한 것이 많아도 물어볼 방법이 없습니다. 그런데 애널리스트는 이런 일을 대신 해줍니다. 심지어 기업의 장부도 세세히 들여다봅니다. 이런 모든 것을 확인해 리포트로 말끔하게 정리해줍니다. 일종의 투자 예상 답안지인데 안 볼 이유가 없습니다.

그런데 안 보는 사람들이 있습니다. 특히 자신을 스마트한 투자자라고 생각하는 성향의 사람들이 애널리스트 리포트를 잘 안 믿는 경향이 있습니다. 기업의 홍보용 자료 혹은 증권사의 투자를 위한 미끼라고 생각하는 선입견이 있는 것입니다. 물론 비판적으로 읽어야 할 필요는 있습니다. 하지만 이것을 아예 안 보고 투자하는 것은 족보 없이 시험 보는 것과 같습니다.

매일 나오는 여러 증권사의 애널리스트 리포트를 보기에는 도저히 틈이 안 날 수 있습니다. 그렇다면 그중에서 뭘 봐야 할까요. 애널리스트 리포트에는 크게 두 종류가 있습니다. 산업 전체를 분석하는 리포트와 개별 기업을 분석하는 리포트입니다. 애널리스트 리포트를 못 믿는다는 근거 중의 하나가 이해관계가 얽혀 있기 때문인데요. 이 두 가지 중 산업 분석 리포트는 이해관계가 상대적으로 덜하기 때문에 좀 더 신뢰할 수 있습니다. 자신이 관심 있는 종목이 속한 산업, 섹터의 분석 리포트는 반드시 읽어야 합니다.

개별 종목 분석 리포트도 물론 봐야 합니다. 여기서 리포트를 볼 때 주의할 점은 00주식 목표가 14만 원, ××주식 목표가 20만 원과 같은 예측이 아닙니다. 목표가는 확정된 것이 아닙니다. 반드시 그 가격까지 간다는 약속도 아닙니다. 애널리스트 리포트에서 목표가가 언급이 될 때 챙겨봐야 하는 것은 해당 종목의 목표가를 올리고 있는가 내리고 있는가 하는 추세입니다.

다음으로는 목표가를 설정한 근거를 봐야 합니다. "왜 갑자기 목표가를 올렸지?" 그 근거를 이해하는 것이 중요합니다. 애널리스트 리포트가 이전에는 투자를 장려했는데 갑자기 입장이 중립적으로 바뀌었습니다. 태도가 바뀐 것 자체보다 더 중요하게 봐야 하는 것은 바뀐 이유입니다.

이런 내용까지 파악하기가 어렵고, 어느 리포트의 의견이 맞는지 확신이 안 선다면 구체적인 리포트의 의견을 좀 더 신뢰하십시오. 좋은 리포트는 구체적인 숫자와 지표로 말합니다. 반면 두루뭉술하거나 주관적으로 느껴지는 의견, 감상적인 표현으로 말하는 리포트들은 약간 거리를 두고 보면 보면 됩니다.

리포트를 반드시 봐야 하는 시기가 있습니다. 실적 시즌입니다. 이때는 애널리스트들의 리포트가 엄청나게 많이 쏟아집니다. 당연합니다. 실적이 나왔는데 어떻게 분석을 안 하겠습니까. 실적 시즌 리포트는 애널리스트의 직무이기 때문에 의무적으로 써야 하는 리포트입니다. 실적 시즌에 나오는 리포트를 통해 실적 예측도 봐야 하고, 실적 분석도 봐야 합니다. 그런데 진짜 중요한 것은 비실적 시즌에 생뚱맞게 나온 리포트입니다. 모두가 의무적으로 내야 하는 분기 리포트가 아닌, 애널리스트가 스스로 연구해서 낸 리포트를 말합니다. 이런 리포트가 진짜이고, 여기에 큰 이익을 실현할 수 있는 실마리가 숨어 있습니다.

더군다나 갑자기 나온 리포트에서 투자 의견을 상향 조정했거나 실적 전망 수치가 더 좋게 나왔다면 주목해야 합니다. 지금까시 나루지 않던 기술이나 실적 호재를 갑자기 언급했다면, 이것은 매우 중요한 신호입니다. 그런데 이 의견을 믿을 수 있을까요. 이 분석이 진짜인지 어떻게 알 수 있을까요. 그건 뉘앙스의 차이로 알 수 있습니다. 늘 하던 이야기를 하는 게 아니라, 갑자기 뉘앙스가 바뀌었다면 의견을 바꿀 만한 가치와 확신이 있으니 쓴 것입니다.

모든 분야의 리포트를 다 볼 수는 없습니다. 그래서 자기만의 투자 전공 분야를 정해야 합니다. 그래야 해당 분야의 리포트를 집중적으로 살펴 보면서 변화 추이를 발견해낼 수 있습니다. 특히 작은 섹터나 특정 기술 분야를 전문적으로 분석하는 애널리스트들 중에는 그 섹터의 스타 애널리스트들이 있습니다. 이런 분들의 리포트는 반드시 봐야 합니다. 믿어서 보라는 게 아닙니다. 이런 분들이 어떤 말을 하는지가 주식 시장에 영향을 미치기 때문에 봐야 하는 것입니다.

가령 유명 애널리스트 리포트에서 지난 1년 내내 "○○○ 기술이 중요하다"고 하면서 "우리나라에는 이 기술을 가진 기업으로 A, B, C, D 회사가 있다"고 계속 언급해왔습니다. 그런데 오늘 나온 리포트에 "여전히 OOO라는 기술은 좋습니다. 주목해야 할 회사는 A, B, D입니다." 이렇게 나왔습니다. 리포트를 늘 살펴보던 사람들이라면 알아챌 수 있습니다. C 회사가 왜 빠졌지? 왜 뺐을까? 이런 생각이 듭니다. 이럴 때가 중요합니다. 그 회사에 어떤 문제가 생겼을 가능성이 큽니다. 영리한 투자자들은 "어? 이 애널리스트 리포트의 패턴이 바뀌었네. C 회사가 빠졌어. 뭔가 문제가 있나 보다"라고 판단하고 그 회사의 주식을 팝니다.

그런데 나만 이것을 모르고 있으면 어떻게 될까요. 이 종목이 왜 떨어지지? 이 기업의 기술이 좋다고 하지 않았나? 이렇게 영문을 모르게 됩니다. 심지어 그 회사에 다니는 직원들도 의아해합니다. 우리 회사 주가가 왜 빠지지? 우리 회사 괜찮은데? 이렇게 당황하게 됩니다. 애널리스트 리포트 때문이라는 것을 알지 못한다면 말입니다.

애널리스트가 왜 그 회사를 리스트에서 뺐는지 이유까지 알 수는 없을 겁니다. 그 이유보다는 빠졌다는 사실이 중요합니다. 그 회사 기술의 결정적 하자를 더 이상 숨기기 어렵게 되었다거나, 그 회사로부터 받아오던 모종의 이익이나 혜택이 없어져서 뺐을 수도 있고, 또 다른 이유가 있을 수도 있습니다. 하지만 빠졌다는 사실 자체가 시장에서는 중요한 신호가 됩니다. 애널리스트 리포트를 볼 때는 이런 점을 유의하면 됩니다.

언론 기사는 비판적으로 읽어라

가치 있는 정보를 중립적으로 보도하는 제대로 된 경제지가 없다고 생각하시는 분들이 많습니다. 모든 기자, 모든 기사가 다 문제라면서 전부를 불신할 것까지는 없지만 비판적으로 봐야 하는 것은 사실입니다.

2026년 2월 5일 《한국경제신문》이 주가조작 근절 합동대응단으로부터 압수수색을 받았습니다. 소속 기자 5명이 '선행매매' 혐의를 받았기 때문입니다. 선행매매란 미리 주식을 사놓고 그다음에 호재성 기사를 작성해서 주가를 띄운 다음, 주식을 되팔아서 시세차익을 챙기는 사기적 부정거래를 말합니다.

　수법은 이렇습니다. 취재 과정에서 특정 기업의 영업 실적이나 신사업 계획 같은 미공개 정보를 입수합니다. 그럼 곧바로 그 종목을 집중 매수합니다. 주로 코스닥 상장사들이 타깃이었습니다. 그리고 나서 호재성 기사를 반복적으로 보도해 주가를 의도적으로 끌어올립니다. 실제로 일부 기업은 주가가 6배 넘게 급등했습니다. 약 10여 개 기업의 주식을 이런 식으로 거래하면서 수십억 원의 부당 이득을 챙긴 겁니다. 선행매매에 이용한 기사 수만 해도 수백 건에 달합니다.

이게 처음이 아닙니다. 2025년 11월에 전직 경제신문 기자가 특징주 기사를 이용해서 2017년부터 2025년까지 8년간 무려 112억 원의 부당 이득을 챙긴 혐의로 구속 기소됐습니다. 이 기자는 유명한 경제지와 경제TV까지 전부 거친 사람이었습니다. 자본시장법은 선행매매를 엄격히 금지하고 있습니다. 사실이 드러나면 1년 이상의 징역형에 처해질 수 있습니다.

선행매매가 아니더라도 문제가 되는 행태가 있습니다. 예를 들면 이런 일이 있습니다. A라는 회사가 경쟁사인 B 회사를 망치려고 합니다. A 회사 홍보팀에서는 평소 관계를 맺고 있던 기자들을 통해 B 회사에 관한 부정적인 기사를 지속적으로 내달라고 작업을 합니다. 어느날 내가 투자하고 있는 회사 B의 주가가 갑자기 떨어집니다. 무슨 일인지 영문을 알 수 없는데 충격적인 기사가 계속 나옵니다. 특정 언론 한두 곳이 부정적으로 쓰는 것입니다.

더 심한 경우도 있습니다. 실제 사례입니다. 금요일 오후 6시 30분에 한 기업에 대해서 매우 안 좋은 내용을 담은 기사가 올라옵니다. 기사는 금융감독원을 인용하면서 금감원이 곧 이 회사에 대해서 조치를 취할 것처럼 뉘앙스를 풍깁니다. '감독원 조사 임박' 또는 '조사 착수 예정' 같은 제목을 단 기사입니다. 투자자들 사이에서 난리가 났습니다. 사실 여부를 확인하려고 금감원에 전화를 하는 사람도 있었을 겁니다. 당연히 금감원은 전화를 안 받습니다. 금요일 저녁 7시, 8시가 넘은 시간인데 모두 퇴근하고 없을 겁니다. 그렇게 아무도 전화를 안 받는 시간에 기사를 내고, 주말 내내 투자방과 커뮤니티에서 소문이 돌다가 월요일에 장이 시작하면 하한가를 맞는 것입니다.

확인되지도 않은 사실 때문에 "이 회사 큰일 났나 봐. 아침에 장이 시작하자마자 던져야 돼." 이런 러시가 일어납니다. 회사도 놀랍니다. 부리나케 회사에서 금융감독원을 찾아가서 아무 문제가 없다는 확인을 받아 정정 기사를 내면, 빨라 봐야 월요일 저녁입니다. 이미 하루 하한가를 맞은 뒤입니다. 이런 일들이 실제로 벌어집니다.

모든 기자들이 그런 것은 아니지만, 정도의 차이는 있어도 이와 같은 사례가 많습니다. 언론 기사를 읽을 때, 특히 경제 기사를 읽을 때는 "이 기자가 혹시 이 기업의 주식을 가지고 있는 건 아닐까?" "무슨 다른 의도가 있는 게 아닐까?" 하는 의심의 눈초리로 봐야 합니다. 무조건 불신하라는 게 아니라 비판적으로 읽으라는 겁니다.

당연히 발로 뛴 좋은 기사와 심층 분석 기사가 분명히 있습니다. 그 걸 어떻게 가릴 수 있을까요. 꾸준히 봐야 보입니다. 계속 보다 보면 어느 날부터 '아, 이 기자가 쓴 기사는 진짜더라'라는 감이 생깁니 다. 실력 좋은 기자가 쓴 리포트는 애널리스트 리포트보다도 더 좋 은 정보를 담고 있기도 합니다. 이런 분별력이 생겨나야 정보의 바 다에서 길을 잃지 않고 흔들리지 않을 수 있습니다.

KOSPI 10000 NEXT LEVEL

KOSPI 10000

5

어떻게 사고팔고,

어떻게 보유할까

투자금은 얼마부터 : 빚투는 하지 마세요

투자자로서 갖춰야 할 마인드 세팅도 제대로 했고, 종목에 관한 이야기를 찾았고, 수많은 질문과 대답을 통해 검증까지 깐깐하게 했다면, 이제야 비로소 사러 가는 것입니다. 매매를 하는 것이죠. 사러 가려면 내 지갑부터 점검해야겠지요. 투자금은 얼마나 있어야 하냐는 질문을 많이 듣습니다. 답은 정해져 있습니다. 자신이 감당할 수 있는 손실률을 정하고 역으로 계산하면 됩니다. 손절 10%의 법칙을 지키라고 했습니다. 1,000만 원이면 100만 원이 빠지면 나와야 합니다. 그러면 100만 원 잃는데, 이 정도는 감당할 수 있다고 판단되면 1,000만 원으로 시작하는 겁니다.

사자마자 떨어지는데 어떻게 하냐는 질문이 있는데요. 사자마자 떨어지는 주식 안 사려고, 그리고 떨어지는 것처럼 보여도 반드시 상승할 주식을 고르려고 우리가 공부를 하는 겁니다. 결혼하는 심정으로 말입니다.

손실률을 계산하여 투자금을 정하라는 말은 '손실이 나도 견딜 수 있는' 투자를 하라는 것입니다. 그래서 빚을 내서 투자하는 건 절대 안 됩니다. 부동산도 빚을 내서 투자하는데, 주식도 그러면 되지 않냐고 하는 분들이 계십니다. 부동산과 주식은 좀 다릅니다. 부동산은 기본적으로 우상향하는지 안 하는지를 우리가 쉽게 판단할 수 있고, 가격이 내리든 오르든 내가 실제로 거주하는 집인 경우가 많습니다. 어차피 어딘가에서는 살아야 하니까요.

그러나 주식 시장은 전체 시장이 계속 성장한다고 해도, 어떻게 투자하느냐에 따라 리스크가 발생합니다. 리스크가 크게 발생할 수 있고 부동산처럼 물건이 남는 게 아닙니다. 그래서 계속 공부하라고 강조하는 것입니다.

주식 투자를 성공하려면 확실하게 체크리스트를 지켜가며, 매도

매수의 원칙을 지켜야 합니다. 그런데 빚이 들어가면 보통 사람들은 평정심을 잃습니다. 빚을 내서 했다는 것은 그만큼 절박하다는 것입니다. 그러면 마음이 그만큼 조급해집니다. 그래서 반드시 주식은 여유 자금으로 하라는 것이고, 잃을 수도 있다고 말하는 것입니다. 잃어도 괜찮은 금액으로 투자해가면서 경험을 쌓고 큰 금액을 실현하는 수준으로 올라가는 게 중요합니다.

‘지금 활황장이니까 빚을 내더라도 많이 넣어서 2배 벌자!’ 이렇게 생각하는 분들이 있는데 막상 이 생각처럼 안 되는 경우가 더 많습니다. 아무리 활황장이라도 종목에 따라서 갑자기 주식이 반토막이 될 수 있습니다. 무엇보다 빚투의 위험성은 시간을 뺏는다는 겁니다. 투자 성공을 위한 중요한 요소는 ‘기다릴 수 있는 시간’을 확보하는 것입니다. 이 종목의 가치를 믿는다. 올라갈 거다. 이렇게 기다릴 수 있어야 하는데, 빚을 내서 투자를 하면 원금 상환 기간이 다가오고 그때까지 주식이 못 오르면 투자금을 뺄 수밖에 없게 됩니다.

더 중요한 건 더 넣어야 할 때 추가로 투입할 여력이 없다는 겁니다. 빚을 내서 투자를 했다는 것은 ‘풀배팅’을 했다는 것입니다. 빚을 낼 정도로 본인이 쓸 수 있는 자금을 이미 다 썼는데 들어가고 싶어도 들어갈 수 없게 되는 것입니다. 현대자동차가 로봇을 공개해서 주가가 오르는데 들어가고 싶어도 들어갈 수가 없습니다.

그러면 새롭게 등장하는 기회를 잡을 수가 없습니다. 그래서 빚투는 한쪽 팔을 묶고 전쟁하는 것과 마찬가지입니다. 실패하면 한 방에 청산되고, 성공해도 더 성공할 기회를 못 얻습니다. 우리는 오래 투자하기로 결심한 사람들이니까 이렇게 하면 안 됩니다. 빚투는 유리한 결과를 내기가 정말 힘듭니다. 엄청난 고수거나, 호재가 확실한 경우가 아니면 안 됩니다. 그리고 그런 경우는 일생에 몇 번, 아니 한 번도 잘 없습니다.

얼마나 자주 매매? : 한 달에 3번만, 할 때는 단번에

여러분이 공부를 충분히 했고, 멘털에 흔들림이 없으며, 조급하지 않은 상태로 긴 호흡으로 부자가 되려고 주식을 하고 있다고 가정해 봅시다. 그 기업의 이야기를 다 이해했고, 그 이야기가 매력적이며, 반드시 매수해야 하는 확실한 근거가 있습니다. 흔들리지 않을 자료까지 확보했고, 다양한 체크리스트로 검증했으며, 차트와 공시자료도 확인했습니다. 매도 신호는 없는지, 각종 지표에 문제는 없는지도 다 점검했습니다. 그럼에도 불구하고 확고한 호재를 모두 갖추고 있습니다.

이런 상태에 있는 투자자가 한 시간에 세 번씩 샀다 팔았다를 반복하거나 조금 떨어진다고 무서워서 팔고, 또 조금 오른다고 1초 만에 변심해서 따라붙고… 이런 패턴으로 매매할 리가 없습니다. 하루에 몇 번이고 매도매수를 단타로 치고 있다는 것은 그만큼 이성적이지 못한 상태라는 방증입니다. 확신이 있다면 그렇게 하지 않습니다.

그러면 언제 사냐고요? 지금 삽니다. 결정했다면 단번에 하십시오. 오늘 아침에 조금 사고, 점심때 또 조금 사고, 오후에 조금 사고. 이렇게 하지 않아도 됩니다. 힘들게 내 앞으로 찾아온 종목이 여기 있는데 이걸 하루에 세 번씩 매매할 이유가 있을까요? 없습니다.

매수나 매도를 결정했다면 그냥 단방에 하시면 됩니다. 1만 원에 사자고 결론 냈는데, 막상 창을 열고 들어가니 1만 100원, 1만 200원을 왔다 갔다 합니다. 곧 1만 원이 될 듯도 싶은데 하면서 '어떡하지?' 하며 망설이다가 결국 못 삽니다. 저녁에 보니 가격이 1만 3,000원이 되어 있습니다. 100원 때문에 살 타이밍을 놓친 겁니다. 팔 때도 마찬가지입니다. 1만 원에 팔자고 했는데 9,900원입니다. '좀 기다려보자. 100원만 뛰면 팔자'라고 하다가 7,000원이 됩니다. 100원, 10원, 50원이 중요한 게 아닙니다. 결정했으면 그냥 해야 합니다.

투자의 방법이 제대로 몸에 박혀 있다면 종목을 고르고 사는 것도 한 달에 세 번 이상 할 이유가 없습니다. 앞으로 이야기를 하겠지만 올라가는 머리를 보고 내려오는 어깨에서 팔고, 내려가서 바닥을 치고 반등하는 무릎에서 사는 게 원칙입니다. 확실하게 결정한 종목에다 고점과 저점을 정확히 확인하려면 어느 정도의 사이클을 지켜보게 됩니다. 그러니 매일같이 사고팔 이유가 없습니다.

단번에 사라고 했지만 충동매매는 금지입니다. 멋대로 나간 손은 반드시 자르고 싶어집니다. 어렵게 공부해서 종목을 골랐습니다. 이 종목과 결혼하기로 했고, 이제 혼인신고서에 도장을 찍어야 합니다. 그런데 이거 살까 말까, 살까 말까 하는 마음이 여전히 있다면 사지 마십시오. '아! 모르겠다, 사자!' 이러면 안 됩니다. 내 눈에 불안해하는 내 모습이 보이면, 그때는 매수하려는 손을 반드시 잘라야 합니다. 주식창을 그냥 덮으십시오.

저는 아침 장, 특히 10시 전에는 주식창을 열지 말라고 합니다. 초보 투자자일수록 더욱 그렇습니다. 초보 투자자들은 10시 전 가격을 해석 못 합니다. 아침 9시에 오르는 걸 보고 따라갔는데, 오후 장을 보니 떨어져 있습니다. 아침에 급락하는 것을 보고 빨리 팔아야겠다고 생각해 매도했는데, 오후에 보니 오히려 주가가 올라가 있습니다. 그 이유를 해석하려 들지도 찾지도 마십시오. 10시 전에는 열지 마십시오. 원칙대로 매도매수를 하십시오.

충동매수는 금지. 사기로 했으면 단번에. 이렇게 말씀드렸습니다. 그러면 언제 팔아야 하는가. 절대 원칙은 10%가 빠지면 매도하는 것입니다. 이를 반드시 지켜야 합니다. 그리고 머리를 확인하고 어깨에서 팔아서 수익을 실현합니다. 왜 10% 손절 원칙이 중요한가. 이런 경우가 있기 때문입니다.

매수 이유인 수익이 실현되지도 않았습니다. 종목을 가지고 있어야 하는 이유도 그대로입니다. 그런데 주가만 빠지는 경우가 있습니다. 주가는 상대적인 가격이기 때문에 특별한 이유가 없이 빠질 때는 장 전체 지수와 연동되는 측면이 큽니다. 즉, 그 기업 자체에는 문제가 없더라도 시장 전체가 안 좋으면 함께 빠질 수밖에 없습니다. 그래서 지수와 비교하는 겁니다.

물론 이 종목을 산 이유가 너무나 분명하고, 주가 하락도 전혀 이해가 안 된다면 굳이 팔지 않아도 됩니다. 매수 이유는 여전히 확실하고 주가만 일시적으로 빠진 경우라는 확신이 든다면 그때는 오히려 더 사도 됩니다. 하지만 확률적으로 그런 경우는 많지 않습니다. 지수는 오르거나 유지되고 있는데 내 주식만 빠진다면 이는 내가 모르는 어떤 이유가 있을 가능성이 높습니다. 우리가 모든 정보를 다 알 수는 없는 노릇입니다. 그래서 일단 매도하는 게 맞습니다.

매수매도의 원칙은 "책임은 내 몫이다"라는 태도입니다. 수익을 얻으려는 모든 투자는 위험 요소를 가지고 있습니다. "주식 투자를 안전하게 하고 싶어요"라는 말을 많이 듣습니다. 그만큼 투자 자체가 위험 요소를 가지고 있는 일입니다. 위험한 일인데 남에게 책임을 지우는 선택을 하면 위험이 더 커집니다. 투자자가 된다는 것은 책임은 내 몫이라는 당당한 태도를 가지는 것입니다. '누구 말을 듣고 샀는데 잘됐네'와 '누구 때문에 샀는데 망했네'는 똑같습니다. 오르는 것도 내리는 것도 다 내 탓입니다. 그런 태도가 생길 정도로 공부를 해야 매수매도를 자신 있게 할 수 있습니다.

계란이 얼마 없는데
한 바구니에 담지 말라니?

우리가 굉장히 많이 듣는 주식 투자 격언 중에 "계란을 한 바구니에 담지 말라"가 있습니다. 분산투자를 하라는 격언인데요. 이 격언이요? 제가 심하게 말씀드립니다. 잊으세요. 버리세요. 보통의 투자자에게 분산투자는 쓰레기입니다.

분산 투자가 무엇입니까? 여러 종목을 사서 손실이 발생할 위험을 나누는 겁니다. 그런데 가슴에 손을 얹고 한번 생각해보세요. 주식 투자를 왜 합니까. 수익을 내려고 하는 것입니다. 그러면 수익이 잘 날 종목에 집중투자를 해야 하는 게 맞습니다. 게다가 투자금이 적으면 어떻습니까. 분산투자로 수익을 내기가 어렵습니다.

"강의에서 2억 원으로 다섯 종목 정도 투자하라고 하셨잖아요?" 맞습니다. 그렇게 나눠서 넣습니다. 그런데 다섯 종목에 각 4,000만 원씩 넣게 될까요. 그렇게 안 됩니다. 한 종목에 1억 원, 다른 두 종목에 5,000만 원씩 들어가게 될 것이고, 세 종목 정도를 가지게 될 것입니다.

이렇게 하는 분산투자는 문제없습니다. 하지만 500만 원, 300만 원, 100만 원을 분산투자한다고 하면 수익이 도대체 얼마나 날까요? 수익이 날 때 복리의 마법을 경험하는 것이 주식 투자의 핵심입니다. 그래서 소액 투자자들의 경우에는 분산해서 위험을 줄이는 것보다 수익을 낼 생각을 해야 합니다. 소액 투자자들에게 분산투자는 쓰레기를 모으는 일에 가깝습니다. 그래서 앞에서 투자금을 정할 때 자신이 잃어도 되는 손실률을 계산하라고 한 것입니다.

엄밀히 말하면 분산 투자라는 개념은 주식에서 종목별로 분산하라는 것보다는 자산별 분산 투자를 말하는 것입니다. 부동산에 얼마를 넣는데, 부동산에만 모두 넣으면 위험이 닥칠 수 있으니까 주식도 어느 정도 투자하고, 코인도 어느 정도 투자하고…. 이렇게 하라는 것입니다. 이런 분산 투자는 충분한 자산이 있는 사람들이 할 수 있는 투자입니다. 초보 투자자이고 투자금이 적은 사람이라면 저평가된 종목을 찾아서 올라갈 때 매수매도의 원칙을 잘 지키면서 수익을 실현하는 데 집중하는 것이 맞습니다. 한 바구니에 담지 못할 정도로 계란이 많지 않다면 말입니다.

장기 투자도 쓰레기?

장기 투자, 단기 투자도 정리해봅시다. 많은 사람들이 장기 투자의 개념을 오해합니다. 장기 투자는 한 종목을 오래 들고 있는 것이라고 생각합니다. 얼마나 오래요? 10년 정도요? 5년 정도요?

우리나라 시가총액 1등부터 10등까지의 기업을 10년 전과 비교해봅시다. 상위 1~3위 정도는 비슷하지만 그 아래로는 1년만 지나도 6~7개가 바뀌어 있습니다. 15~20위 권으로 범위를 넓히면 더 많이 바뀌어 있을 겁니다.

이런 상황이면 아래로 갈수록 순위 변동이 더 클 겁니다. 주식은 인기 투표이기에 많은 사람들이 모이는 거래량이 중요하다고 했습니다. 그런데 투자금이 아주 많지도 않은 사람이 장기 투자를 하겠습니까. 장기 투자는 묻어놓고 두면 나중에 돈이 되어 있는 게 아닙니다. 그렇게 묻어 두어서 오히려 쓰레기가 되는 종목도 많습니다. 장기 투자란 장기적인 관점에서 투자의 원칙을 가지고 계속 해나가는 것입니다. 옷장 속에 넣어두고 잊어버린다는 식의 개념은 주식 투자에 아예 없습니다. 머리에서 지워야 합니다.

표 5-1 대한민국 시가총액 순위

	2021년 말	2023년 말	2025년 말
1위	삼성전자	삼성전자	삼성전자
2위	SK하이닉스	SK하이닉스	SK하이닉스
3위	네이버	LG에너지솔루션	LG에너지솔루션
4위	삼성바이오로직스	삼성바이오로직스	삼성바이오로직스
5위	LG화학	현대자동차	삼성전자우
6위	카카오	포스코홀딩스	현대자동차
7위	셀트리온	기아	HD현대중공업
8위	현대자동차	네이버	SK스퀘어
9위	LG에너지솔루션	LG화학	한화에어로스페이스
10위	기아	삼성SDI	두산에너빌리티

덧붙여 계좌는 몇 개나 가져야 하느냐는 것도 알아봅시다. 주식 계좌가 여러 개여도 괜찮을까요. 일부러 계좌를 2~3개로 쪼개라고 합니다. 계좌를 나눠야 하는 이유는 멘털 관리를 위해서이기도 합니다. 엉망진창이 된 계좌 중에 버리지 못하는 게 있을 겁니다. 그걸 보고 있으면 멘털 관리가 잘 안 됩니다. 속이 상하고 움츠러들어서 주식 투자에 다시 집중하기 어렵습니다. 그럴 때는 팔든가 아니면 새 계좌를 다시 시작하십시오. 지금부터 새출발이라는 마음으로 다시 시작하십시오.

0이 하나 더 붙는 진짜 비법

주식 투자는 5년 동안 투자해서 1억 원을 10억 원으로 만드는 일이라고 했습니다. 0을 하나 더 붙여보자는 것입니다. 그런 일은 투자의 신이어야 가능하지 않나? 엄청난 운이 따라야 하는 게 아닌가? 아닙니다. 대세 상승장이라는 역사적 시기에 제대로 된 원칙으로 투자한다면 충분히 가능합니다.

분산투자가 아닌, 집중투자 개념으로 한 번에 5개 종목 정도만 투자하라고 말씀드립니다. 왜 더 많은 종목을 가지고 있으면 안 될까요. 제가 자주 드는 예시가 있습니다. 자식이 다섯 명이 있다고 생각해봅시다. 하루에 전화를 한 통씩만 한다고 해도, 이 다섯 명을 제대로 살펴보는 게 가능할까요.

첫째한테 "밥 먹었니?"라고 말하고 막내한테 "출근 잘했니?"라고 살펴봐야 하는데, 일단 통화가 잘 안 됩니다. 서로 바쁘면 더 통화하기가 어렵죠. 자식 다섯에게도 하루에 한 통화를 할 틈이 안 나는데 주식 5개를 매일 제대로 체크할 수 있을까요. 초심자들에게는 너무 어렵습니다. 그런데 어떻게 10개, 20개씩 종목을 들고 있을 수 있습니까.

다섯 종목을 하라고 했지만 5년 내내 같은 5개 종목을 들고 있으라는 게 아닙니다. 하나 팔면 다른 거 사고, 또 바꾸면서 다섯 종목을 5년 동안 관리하는 것입니다. 실제로는 더 많은 종목이 거쳐 갔겠지만, 계산하기 편하게 1년에 5종목만 했다고 가정해보겠습니다. 5년이면 총 25개 종목을 투자한 것이 됩니다.

수익을 내는 원리는 분명합니다. 많은 수익이 나는 종목에서 수익을 극대화하고, 손실을 내는 종목을 엄격하게 관리하는 것입니다. 저도 신이 아닙니다. 제가 선택한 25개 종목 중 절반은 수익을 내지만, 나머지 절반은 손실을 봅니다. 종목을 매수할 때는 분석과 예측을 합니다. 하지만 매수 후에는 결국 올라가거나 내려가거나 둘 중 하나입니다. 결론만 놓고 보면, 주식 투자는 홀짝 게임, 동전 던지기와 같습니다. 매수했으면 오르거나 내리거나 둘 중 하나로 끝나기 때문입니다. 그리고 우리가 예측할 수 없는 일은 발생하게 되어 있습니다. 미국의 트럼프가 베네수엘라에 개입할 것을 누가 예상했겠습니까?

그러니 내가 아무리 검증을 잘하고 선택한 종목들로 채웠다고 해도 그중에서 반드시 손해 나는 종목이 나오게 되어 있습니다. 예측을 잘못해서가 아닙니다. 50 대 50 확률의 문제입니다. 그러면 5년 동안 거쳐 가는 약 25개의 종목에서 어떤 일이 벌어질까요. 현실적으로 생각해보면 이렇게 될 것입니다.

5~6개 종목	손실 발생
5~6개 종목	수익 발생
나머지 10개 정도	고만고만한 성적

여기까지 만들 수는 있습니다. 다들 비슷한 구성을 할 수 있습니다. 그러나 수익이 나는 사람과 나지 않는 사람의 중요한 차이는 기본적으로 손실을 최소화하는 데 있는 것입니다. 그 손실을 −10% 선에서 감당해야 합니다. 엄격하게 말하면 손실이 발생한 5~6개 종목을 모두 합친 손실률을 −10% 이내로 관리하려고 해야 합니다. 그 어

떤 종목의 손실도 −10%가 넘어서는 안 됩니다. '2차전지 종목에 −80% 물렸어요. 카카오에 −70%입니다. ○○바이오에 −90% 입니다.' 이런 종목이 단 하나라도 나와서는 안 됩니다. 좀 단순화해서 계산한다면, 5년간 투자한 25종목 중 손실이 난 5개 종목의 총손실률은 최대 (−10% × 5개 =) −50% 이내여야 합니다. 그런데, 여기에 −80%짜리가 껴 있으면 한마디로 '꽝'입니다. 명심하십시오. 주식 투자에서 치명적인 것은 손실 발생 그 자체가 아니라, 손실이 −10% 이상의 규모로 넘어가는 것입니다.

죽어도 지켜야 할 손절 −10%의 원칙

투자의 절대 원칙이 '절대 잃지 말라'입니다. 윌리엄 오닐이라는 투자자는 성공의 방식을 딱 잘라 말했습니다. "손실은 7%에서 자르고, 수익은 30% 이상 먹어라." −10%도 아니고 −7%입니다. 이게 전부입니다. 그런데 많은 투자자들이 반대로 합니다. 3% 오르면 팔고, 30% 떨어져도 안 팝니다. 그러니까 못 버는 것입니다.

주식 투자의 주요 이론이 손실 관리가 될 정도라는 건, 그만큼 '잃지 않는 투자'가 불가능하다는 말이기도 합니다. 원금을 절대 잃지 않는 투자 방법은 없습니다. 그래서 손절의 원칙이 중요합니다. 손절

라인 밑으로는 절대 잃으면 안 된다는 것만 잘 알아도 50 대 50 확률의 게임에서 이길 수 있습니다.

손절의 원래 의미부터 되새겨봅시다. 손절損切은 손실을 자른다는 뜻입니다. 주식 가격이 떨어졌을 때 더 큰 손해를 보기 전에 미리 파는 것입니다. 100만 원짜리 주식을 샀는데 90만 원으로 떨어졌습니다. 10만 원, 그러니까 10% 손해가 난 상황입니다. 이때 더 떨어지기 전에 지금 팔자고 결정하고 파는 것, 이게 바로 손절입니다.

그런데 많은 분들이 손절을 정말 어려워합니다. 조금만 기다리면 오르겠지, 본전만 되면 그때 팔아야지라는 생각으로 계속 들고 있다가 −30%, −50%, 심지어 −70%까지 손실이 커지는 경우가 많습니다. 손절은 투자에서 가장 중요한 원칙입니다. 작은 손실을 인정하는 것이 큰 손실로부터 나를 지키는 유일한 방법이기 때문입니다.

조급해하지 말아야 5년 투자해서 1,000만 원을 1억 원이 되게 할 수 있다고 말씀드렸습니다. 조급해하지 않아야 손절도 냉정하게 할 수 있습니다. 초심자들에게 분산 투자를 권하지 않는 이유도 손절 때문입니다. 초심자들은 손절을 더 어려워합니다. 그저 들고 있다가 계속 손해를 보는 종목이 늘어나면 그 전체 손실이 더 커집니다.

주식 투자에서 떨어지는 종목이 나오는 건 당연합니다. 전혀 이상

한 일이 아닙니다. 그러니 주식이 떨어졌다고 자책하거나 괴로워할 필요가 없습니다. 내가 잘못 골랐다며 자책하지 않아도 됩니다. 그러나 그 종목이 −10%를 넘어가도록 놔두는 건 자책해야 합니다. 물론 손절 라인이 사람마다 다를 수 있습니다. −10%로 정할 수도 있고, 여유가 있으면 −20%까지 정할 수도 있습니다. 각자의 여유에 따라 하면 됩니다. 중요한 건 내가 정한 라인에서 넘어갈 때까지 들고 있으면 안 된다는 겁니다. 그것이 최악입니다.

손절을 안 지키면 어떻게 되는가. 실제 사례가 주변에 널려 있습니다. 2차전지 주식에 투자했다가 −70%를 기록한 분, 카카오 주식을 40만 원에 샀다가 6만 원이 된 분, 회장이 횡령하고 도주한 기업의 회복을 기다리다가 큰 손실을 본 분…. 이런 일이 딱 한 번만 생겨도 5년 동안 열심히 모은 수익이 한순간에 날아갑니다.

그러면 손절을 잘 지키면 어떻게 될까요? 25개 종목 중에 10개가 떨어졌다고 해도, 최대 손실이 난 종목이 −10%라면 어떻게 될까요? 충분히 감당할 수 있는 수준입니다. 설령 5개 종목에서 각각 −10%가 났다고 아주 단순하게 가정해봅시다. 그래서 5년 동안 총 손실이 절대 금액으로든 비율로든 −50%이라고 합시다. 이러면 최악의 경우를 맞는다고 해도 이 안에서 자금을 묶어둘 수 있습니다.

−50%를 어떻게 만회하느냐. 수익이 나는 5~6개의 종목에서 큰

수익을 얻으면 이 손실을 충분히 만회하고도 남을 수 있습니다. 수익이 10%, 20%가 아니라 100%, 200%, 800%가 되는 것도 나올 수 있습니다. 이것이 바로 5년에 0이 하나 더 붙는 비법입니다. 큰 수익을 내는 몇 개 종목이 전체 수익을 만들어주고 손실은 -10% 안에서 관리하는 것입니다.

물타기 절대 금지

주식을 사는 이유 중의 하나로 '물타기'라는 게 있습니다. 내가 가진 주식이 떨어집니다. 그러면 더 싸게 추가로 사서 평균 매입 가격을 낮추는 것을 물타기라 합니다.

10,000원에 주식을 샀는데 8,000원으로 떨어집니다. 여기서 더 사면 평균 단가가 9,000원이 되는 거죠. 이렇게 추가 구입을 하는 것입니다. 뜨거운 물에 찬물을 타서 온도를 낮추는 것처럼, 비싼 가격에 산 주식에 싼 가격에 산 주식을 섞어서 평균 가격을 낮춘다고 해서 물타기라고 합니다.

물타기는 절대 안 됩니다. 손절이 원칙입니다. 안 되는 이유는 분명합니다. 주가가 떨어진다는 건 뭔가 잘못됐다는 신호입니다. 내가 모르는 이유가 있어서 떨어지는 겁니다. 그런데 거기에 돈을 더 집

어넣는 건 불나는 집에 기름을 붓는 겁니다. 떨어질 때 물타기를 끝없이 하면 결국 투자금이 다 사라집니다. 문제가 많은 종목에 돈이 물려 있는 꼴이 되는 겁니다.

물타기를 하려면 확실한 호재가 있고 확실한 내재가치가 있다는 확신이 있어야 합니다. 삼성전자가 이번 분기에 무조건 30조 원 영업이익을 돌파할 게 분명했습니다. 그런데 시장이 전체적으로 패닉에 빠져서 삼성전자 주가가 14만 원에서 12만 원으로 떨어졌습니다. 이건 어깨가 아닙니다. 실적이 30조가 나올 거라는 분명한 정보가 있으니, 그냥 들고 있거나 오히려 더 사야 합니다. 이럴 때 더 살 수는 있습니다.

쉽게 말하면 좋은 남자인 줄 알고 결혼했는데 월급이 500만 원에서 400만 원으로 줄어든 것입니다. 그런데 곧 회사에서 승진 발표가 나올 게 확실합니다. 잠시 회사가 구조조정 중이라 월급이 일시적으로 깎인 것이 확실합니다. 그러면 이혼하는 게 아니라, 더 믿고 지지해야 하는 겁니다.

이런 경우를 판단할 수 있으려고 공부를 하라고 한 것입니다. 이건 물타기가 아니라 저점 매수입니다. 그런데 이런 확신 없이 평균 단가를 낮추려고 하는 물타기는 절대로 해서는 안 됩니다. 물타기를 한다는 것 자체가 손절을 안 지켰다는 것입니다. 그러니 냉정하게 털고 나오고 내가 제대로 아는 종목을 다시 간깐하게 골라 이번에는 손절의 원칙을 지켜가는 게 훨씬 현명한 투자 습관입니다.

익절은 없다 : 뚜껑은 열고 달린다

손절을 죽어도 지켜야 한다면 익절은 어떻게 합니까. 익절이라는 개념은 없습니다.

증권가에서 말하는 목표가를 달성했으니 내려오기 전에 빨리 팔아야 한다고 생각할 수 있습니다. 그 목표가가 정말 고점입니까? 고점인지 확인하고 팔아도 됩니다. 심지어 더 올라갈 가능성도 있습니다. 익절이라는 개념은 머리에서 지우십시오.

주식 방송에서는 흔히 이런 말을 합니다. "목표가(타겟 프라이스)가 1만 원입니다." "손절가는 얼마이고, 익절가는 얼마입니다." 이것은 잘못된 접근법입니다. 올라가고 있는 종목은 절대 팔지 않아야 합니다. 실제로 위에 뚜껑이 없는 것처럼 쭉쭉 올라가는 종목들이 있고, 그런 종목들과 함께 달린 투자자들이 수익을 얻습니다. 이런 사례를 얼마든지 찾을 수 있습니다.

두산에너빌리티 주가가 2024년 1월 1만 6,000원대였습니다. 그런데 2026년 2월에 9만 6,500원까지 올랐습니다. 분명히 두산에너빌리티를 2025년 4월에 4만 원대에 판 분이 계실 겁니다. 두 배를 벌었다고 기뻐했을 것입니다.

씨어스테크놀로지는 2024년 11월에는 9,000원대, 2025년 7월에는 3만 2,000원대였습니다. 2026년 2월에 16만 9,000원까지 올랐습니다. 2025년 9월에 6만 5,000원대에 파신 분이 계실 겁니다. 아니 그보다 9,000원대에 사서 3만 원대에 파신 분도 계실 겁니다.

앞에서 −10%가 되는 종목이 5개가 되어 −50% 손실이 날 수도 있다고 했습니다. 아주 단순화해서 말하면 비슷한 조건에서 1개의 종목만 50% 상승하면 손실은 완전히 덮을 수 있습니다. 100% 상승 종목이 하나 더 생기고, 여기에 300% 상승 종목이 하나 더 더해지면 어떻게 되겠습니다. 1,000% 상승하는 종목도 있을 수 있습니다.

이렇게 5년 동안 25개의 종목을 바꿔가며 관리하면 투자금 끝에 0이 하나 더 붙습니다. 종목을 앞에서 자식에 비유했습니다. 성과가 나는 자식은 더 많이 키워야 합니다. 수익 종목은 계속 키워야 합니다. 위로 뚜껑을 열어야 합니다.

제가 실제로 만난 분입니다. 완전 초보 투자자이신 분이라서 제가 하라는 대로 했다고 합니다. 2억 원을 넣었는데 고점을 찍고 어깨를 확인할 때까지 팔지 않고 기다려서 13억 원의 수익을 실현했다고 합니다. 초심자의 행운에 해당하는 분입니다. 극단적인 사례이지만 이런 분이 있습니다. 이분이 만약 중간에 팔았다면 어땠을까요?

2억을 투자해서 3,000만 원을 벌었다며 매도했다면? 엄청난 기회를 놓쳤을 것입니다. 후회가 이만저만이 아닐 것입니다. 그래서 주식 투자를 할 때는 손절의 원칙은 지키되 목표가 얼마라고 정해놓는 방식은 좋지 않습니다. 예상은 할 수 있겠지만, 그 목표가에 도달했다고 해서 반드시 팔아야 하는 건 아니라는 겁니다.

계속 상승하는 종목의 뚜껑을 열고 가는 방식은 2~3개의 종목을 붙들고 올라가기를 기다리는 것과 다릅니다. 언젠가 대박을 쳤던 종목이니 다시 대박이 날 거라고 생각하며 그때까지 기다리는 분들이 있습니다. 대부분의 경우 손실이 더 크게 납니다. 뚜껑을 연다는 것은 확실하게 올라갈 종목을 조기에 들어가서 뚜껑이 확실히 다 열릴 때까지 함께하는 것입니다.

이럴 때 불타기는 가능합니다. 매수한 주식이 수익이 나고 있습니다. 그때 추가로 사는 것을 불타기라고 합니다. 초보 투자자들은 불타기를 잘 안 합니다. 그러나 확실히 뚜껑이 열렸다면 추가로 더 들어가는 것은 당연히 해도 됩니다. 이럴 때 계좌 쪼개기를 해도 좋습니다. 처음에 들어갔던 계좌와 추가로 불타기를 한 계좌를 쪼개서 관리하면 수익을 비교하며 관리하기 좋습니다.

앞에서 손절이 중요하다고 했습니다. 이런 질문이 있을 수 있습니다. "손실이 나서 팔았는데 다시 올라갑니다. 이럴 때는 다시 늘어가도 될까요?" 다시 들어가도 되는 이유가 확인되면 들어가도 됩니다. 이런 경우 그 종목은 내가 예전에 알던 종목과 달라야 합니다.

연애를 하다가 헤어졌습니다. 헤어진 이유가 있었을 겁니다. 그런데 다시 돌아온 사람을 보니 예전과 완전히 다른 사람입니다. 내가 예전에 못 봤던 매력이 있고, 헤어진 이유가 완전히 사라졌습니다. 정말 사귀고 싶습니다. 한 번 헤어졌다고 보고 싶은데 안 볼 것입니까. 요리를 못하던 사람이 요리를 제대로 배워서 대장금 수준이 되어 돌아왔습니다. 그 사람은 내가 알던 사람입니까 전혀 모르는 사람입니까. 기업도 그와 같습니다. 달라진 이유를 분명히 확인한다면 다시 만나면 됩니다. 그때의 종목은 이름은 같아도 내가 예전에 샀던 종목과 다른 종목입니다.

무릎과 어깨를 확인하는 법

여기서 질문이 떠오릅니다. "알겠습니다. 개별 종목을 손절할 때는
-10%에서 자르고, 수익 종목은 뚜껑 열고 가라는 것도 알겠습니
다. 그런데 수익이 나는 종목도 언젠가는 팔아야 할 거 아닙니까?
개별 종목은 언제 사고파는 겁니까?" 5년에 25개 정도의 종목을 포
트폴리오로 관리하는 것이 주식 투자의 큰 그림이라면, 개별 종목의
매매 타이밍은 다음과 같습니다. 무릎에서 사서 어깨에서 팝니다.
너무 유명한 격언이라서 주식 투자를 하지 않는 사람들조차 "무릎
에 사서 어깨에 판다"는 말을 알고 있습니다. 그러나 이대로 실천하
는 것은 별개의 문제입니다.

일단 무릎에서 사서 어깨에서 팔아라는 원칙의 의미는 밥솥에 남
아 있는 밥알 하나까지 싹싹 긁어먹으라는 게 아닙니다. 적당히 낮
은 가격일 때 사고, 적당히 높은 가격일 때 팔라는 것입니다. 그래서
머리가 아닌 어깨에서 파는 데, 그러려면 '여기가 어깨인 것 같네'
라는 막연한 짐작으로 판단하지 말고, '진짜 어깨인지를 확인하고'
팔아야 합니다. 바닥을 확인하고 반드시 더 내려가지 않는 곳인 걸
확인해서 무릎에서 사야 합니다.

이걸 어떻게 확인하느냐가 중요합니다. 우선 무릎은 내려갈 때 보

이지 않습니다. 삼성전자를 예를 들어보겠습니다. 3~4년 전 삼성전자 주가가 9만 6,000원이었습니다. 그런데 9만 원 선이 무너졌습니다. "와, 삼성전자의 9만 원이 무너졌다. 8만 전자다. 지금 사야 해!" 이렇게 해서 들어가신 분들이 있습니다. 그런데 그게 무릎이 아니었습니다. 8만 원도 무너졌습니다. 8만 원에서 7만 원으로 떨어졌을 때 더 많은 사람들이 몰렸습니다. "8만 원도 무너졌다. 7만 원이다. 이건 사야 된다!" 이때 들어간 사람들도 큰 손실을 봤습니다. 어디까지 떨어졌을까요? 4만 9,000원까지 무너졌습니다.

내려갈 때는 어디가 무릎인지 모릅니다. 바닥이라고 생각했는데 지하실이 계속 나옵니다. 무릎은 언제 보일까요. 바닥을 찍고 올라와야 비로소 보입니다. 바닥에서부터 측정해야 무릎을 알 수 있습니다. 떨어질 때 측정하면 그게 무릎인지, 허리인지, 배꼽인지, 허벅지인지 알 수가 없습니다.

삼성전자 경우 4만 9,000원 밑으로는 떨어지지 않았습니다. 그다음 5만 원으로 반등하고 5만 1,000원, 5만 2,000원, 5만 3,000원으로 왔다 갔다 하다가 5만 8,000원까지 올라왔습니다. 그러면 바닥이 확인되었습니다. 4만 9,000원~5만 원은 아무리 떨어져도 안 내려가는 바닥인 것입니다.

그러면 삼성전자는 5만 원대 후반이 무릎입니다. 바닥을 찍어야 보이는 겁니다. 그러면 5만 원대 후반에 사도 됩니다. 내려갈 때는 7만 원이 무릎인가? 6만 원이 무릎인가? 이런 판단을 할 수가 없습니다. 바닥을 일단 찍는 걸 확인해야 합니다.

반대로 "어깨에 팔아라"라고 할 때 어깨는 어디일까요. 드디어 본전인 8만 원대를 돌파했습니다. 그러면 이제 원금을 회수했으니 던져야 할까요. 아닙니다. 9만 원이 고점이겠지? 10만 원은 못 가겠지? 4년 전에도 9만 6,000원에서 무너졌잖아. 빨리 던져야지. 이렇게 생각하는데 삼성전자가 이후에 10만 원을 돌파했습니다. 당시에 제가 많은 이들에게 이렇게 말했습니다. "15만 원까지 가면 어떻게 하실 것입니까. 20만 원까지 가면 어떻게 하실 것입니까." 2026년 상반기 삼성전자 주식이 얼마인지는 다 아실 겁니다.

9만 원에서 던지면서 "여기가 어깨다"라고 생각하면 안 됩니다. 어깨는 머리를 찍고 내려와야 보입니다. 내려와야 어깨입니다. 올라갈 때 여기가 어깨라고 던지는 게 아닙니다.

가령 증권가에서 삼성전자가 24만 원까지 간다고 합니다. 여기에서 가상의 시나리오를 상상해보겠습니다. 가만히 보니 20만 원 다음부터는 잘 안 올라갑니다. 20만 9,000원을 찍기는 합니다. 그런데 이후 20만 원으로 다시 내려옵니다. 그러더니 19만 원을 찍고 쭉

빠집니다. 이제 19만 원을 접근 못합니다. 계속 내려갑니다. 18만 9,000원, 18만 8,000원…. 잠깐 18만 9,000원으로 올랐다가 다시 18만 6,000원으로 내려가더니 18만 1,000원까지 떨어집니다. 17만 8,000원까지 내려옵니다.

그러면 20만 원이 고점이고 이 구간이 머리입니다. 어깨는 얼마일까요. 18만 원대가 어깨입니다. 유의하셔야 하는 게 삼성전자의 머리와 어깨의 값은 고정값이 아닙니다. 이번 주식 사이클에서의 머리이고 어깨입니다.

어깨에서 팔라고 하는 것은 손절 −10%를 지키라는 원칙에도 맞습니다. 최고점에서 10% 정도 빠지면 그때 파는 것입니다. 머리도 안 보이는 데 내 마음에 스스로 고점이라고 생각하고 팔면 안 됩니다. 지금 예로 든 삼성전자를 무릎에서 사서 어깨에서 팔려면 어떻게 되는 것일까요. 6만 원에 사서 18만 원에 파는 것입니다. 8만 원에 사서 10만 원에 팔지 말고 말입니다.

단기 투자를 하지 말고 장기 투자를 하라는 말은 장기 투자가 더 좋다는 것이 아니라, 무릎과 어깨를 확인하는 사이클을 거치라는 것입니다. 그 정도로 살펴볼 수 있는 기간이 보장되는 투자를 하라는 뜻입니다. 이렇게 해야 두산에너빌리티를 1만 6,000원에 들어가서 8만 원이 될 때 나올 수 있습니다. 한화오션을 5만 원에 들어가서 14만 원이 되어 나올 수 있습니다. 특히 대세 상승기를 이용하면 수익을 극대화할 수 있습니다.

이런 방법으로 내 포트폴리오의 상위 다섯 종목은 어떤 건 40~50%, 어떤 건 100%, 어떤 건 200%, 어떤 건 800% 수익이 나오게 만들어야 합니다. 그리고 아래에 있는 종목들은 다 −10% 안쪽에 머물러 있게 합니다. 주식 투자에서 포트폴리오를 관리하라는 것이 바로 이 말입니다.

그림 5-1 종목 관리 예시

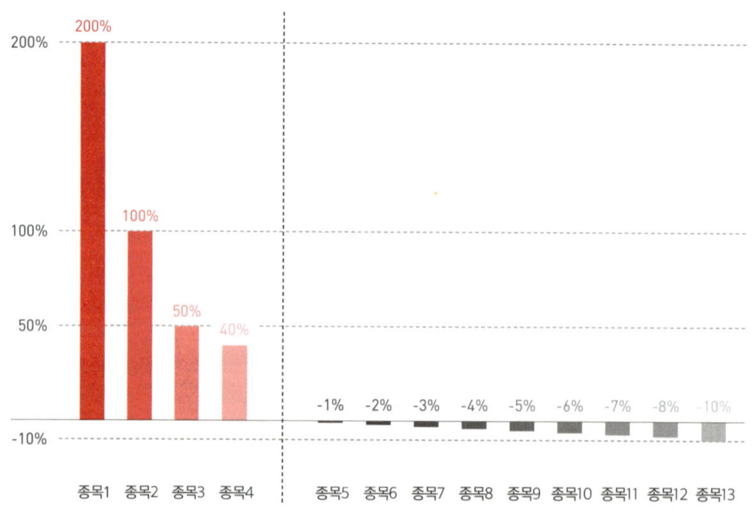

여러 분야에서 뜨는 테마주를 사라는 게 아니라, 수익률을 관리하는 것이 제대로 된 투자입니다. 이걸 제대로 하기 위해서는 차트 공부도 하고 재무제표도 살펴보는 것입니다. 지금까지 했던 이야기를 종합하면 그림 5-1와 같은 종목 관리를 하게 되는 것입니다.

포트폴리오 관리: 잘 갈아 끼우자

매도매수의 기본 원칙을 이해하셨을 겁니다. 그러면 이제 포트폴리오 관리를 해봅시다. 본인이 가지고 있는 종목들을 블록처럼 수직으로 쭉 세워보십시오. 수익이 높은 것부터 위에서 아래로 배치해봅니다. 그러면 아래에는 주로 어떤 종목이 있을까요. 저위험·저수익 주식이 있을 겁니다. 위에는 고위험이지만 터지면 수익이 많이 나는 주식이 있을 겁니다. 여기에서 제일 밑단에 놓이는 게 배당주입니다.

　이렇게 종목들을 수직으로 쭉 배치한 다음에는 이 수직 배열에서 얼마씩을 배분할 것이냐를 관리해야 합니다. 이것이 바로 포트폴리오 관리입니다. 일단 맨 아래에 있는 배당주들부터 해봅시다. 안정적이지만 큰 수익은 안 나는 이 배당주 영역에 얼마를 배분할까요? 내 투자금의 30%? 안정적으로 50%? 예를 들어 50%라고 해봅시다. 내가 가진 투자금이 1억 원이라고 하면 이 중에서 5,000만 원을 배당

성향의 안정적인 주식에 넣게 되는 것입니다. 그러면 이 5,000만 원이 벌어줘야 할 수익률이 얼마입니까? 배당주로만 어느 정도의 수익을 내고 싶습니까? 이것도 정해야 합니다. 가령 15%라고 칩시다. 그러면 이 하단에 있는 배당주들은 주가 상승과 배당으로 나오는 것을 합쳐서 수익률 15%를 해줘야 합니다.

그런데 보유하고 있는 배당주가 예전에는 시가배당률이 8%, 9%, 10% 이런 정도였는데 지금은 3%로 떨어졌습니다. 그러면 어떻게 해야 할까요. 그냥 둘까요? 아닙니다. 이때 교체하는 겁니다. 수익률을 맞추기 위해 배당주 중에서도 배당률이 높은 종목으로 계속 교체하는 겁니다. 하단의 배당주 섹터 내에서 이렇게 하는 겁니다. 이것을 '섹터별 리밸런싱'이라고 합니다. 보통 섹터별 리밸런싱을 하나의 분야에 투자금이 너무 많이 몰리는 것을 분산하는 개념으로 생각하는데 본질은 그게 아닙니다. 기본 개념은 손실이 나는 것을 막고, 수익이 나지 않는 종목을 바꾸는 것입니다.

그다음에 수직 배열의 상단을 차지하고 있는 종목들을 살펴봅시다. 예를 들어 본인이 조선 산업과 관련된 종목을 들고 있다고 합시다. 조선업 주식은 나쁠 이유가 없습니다. 조선업계 수주가 늘면 계속 이 분야가 수익을 낼 것입니다. 정부도 이 분야를 민다고 합니다. 그런데 주가가 예전에 비해 잘 안 오르는 것 같습니다. 예전에는 주가가 2배, 3배 이렇게 올랐는데 거의 제자리에 있거나 올라도 너무 적게 오릅니다. 그러면 그 이유를 생각해보십시오. 조선업은 수주를 많이 받았다고 해도 배를 만드는 데 시간이 걸립니다. 주문은 있지만 실적이 나오는 데까지 시간이 걸립니다. 게다가 조선주는 이미 앞에서 드라마틱한 성장을 겪었습니다. 이 성장기가 끝났고 계속 실적이 안 나오는 시기가 길어지면, 주가 상승의 기울기가 줄게 될 겁니다.

그러면 어떻게 해야 할까요. 포트폴리오 블록에서 보면 이 종목이 예전에는 맨 위에 있었는데 그 역할을 못 하니까 더 고수익이 가능한 다른 종목으로 갈아 끼우는 겁니다. 지금까지 살펴본 것이 종목을 사고팔고 보유하는 투자의 절대 원칙입니다. 이 원칙을 지켜가며 몸에 익히도록 해야 합니다.

조정기를 기다리지 말라

이제 개인 투자자들이 정말 많이 똑똑해지셨습니다. 그래서인지 "이제 코스피 1만 시대로 갈 거고, 조정기(주가가 떨어지는 시기)는 없을 것 같다"고 생각하시는 분들이 많아졌습니다. 이미 주식 시장에 들어와서 수익을 보고 있는 분들에게는 좋은 일이지만 이제 들어가려는 이들에게는 대세 상승장이 두렵기도 합니다.

그래서 조정기를 기다립니다. 코스피가 엄청나게 올라가고 있지만 한 번은 떨어질 거니, 그때 들어가겠다는 분들이 있습니다. 이런 생각을 버려야 합니다. 저는 이것을 '모두가 기다리는 조정'이라고 부르는데요. 이런 조정기는 오지 않습니다. 그보다는 잘 발굴한 종목으로 자신의 포트폴리오를 관리하는 투자를 빨리 시작하는 게 좋습니다. 특히 대세 상승장에서는 이렇게 해야 합니다.

물론 조정기는 있습니다. 주식 투자에 들어가고자 하는 사람들이 기다리는 '큰 조정'은 사실 외국인 투자자들의 손에 달려 있습니다. 외국인들이 대규모로 팔기 시작하면 시장이 크게 흔들리고, 반대로 외국인들이 대규모로 사들이기 시작하면 시장이 상승합니다. 그래서 '언제쯤 조정이 올까?' 하고 막연히 기다리기보다는, 외국인들의 움직임을 정확하게 파악하는 게 훨씬 중요합니다. 외국인 투자자들의 동향을 보면 조정이 올지 말지, 상승장이 계속될지를 어느 정도 예측할 수 있습니다.

주식 시장을 볼 때는 외국인, 기관, 개인 순서대로 파악하는 게 중요합니다. 큰손들이 움직이는 순서라고 보시면 됩니다. 외국인 자금 흐름을 체크할 때는 이런 것들을 살펴보셔야 합니다. 지금 외국인들이 사고 있는지 팔고 있는지(순매수인지 순매도인지) 그리고 얼마나 오래 사고 있거나 팔고 있는지를 봐야 합니다. 또한 자금 규모가 어느 정도인지도 중요합니다. 2조 원이 들어왔는지 3조 원이 들어왔는지, 연속으로 며칠째 팔고 있는지 이런 것들을 확인해야 합니다.

예를 들어 외국인들이 연속으로 두 달째 대규모로 순매도를 하고 있다면, 이건 조정 신호일 수 있습니다. 반대로 지속적으로 대규모 순매수를 하고 있다면 상승장이 이어질 가능성이 높습니다.

그다음으로 외국인이 집중하는 대형주에 주목해야 합니다. 이것이 정말 중요합니다. 외국인들은 우리나라에 와서 '작은 회사지만 기술이 좋다'를 신경 쓰지 않습니다. 주로 큰 회사부터 먼저 투자합니다. 때문에 외국인들이 주목하는 큰 주식들을 어디까지 가고 있는지를 파악하는 게 중요합니다. 대형주들이 흔들리기 시작하면 시장 전체가 흔들립니다.

외국인 투자자들은 환율을 정말 중요하게 봅니다. 환율에 민감하게 반응합니다. 원달러 환율이 올라서 원화 가치가 떨어지면 외국인 입장에서는 손해니까 팔고 나갈 수 있고, 원화 가치가 오르면 더 사들일 수 있습니다.

여기에 더해 미국 시장 상황이나 일본, 중국 같은 아시아 지역의 주식 시장의 변동 상황도 함께 봐야 합니다. 국내 주식 시장과 연계된 자금이 많기 때문입니다. 기본적으로 미국 시장이 흔들리면 외국인들이 우리나라에서도 빠져나갈 가능성이 높아집니다. 이런 상황을 종합적으로 보아서 일시적인 조정장인지 장기적인 조정장인지, 장기적이라면 얼마나 지속될지, 그 규모는 얼마나 될지를 예측할 수 있습니다. 언제 들어가고 나와야 하는지를 고민할 때 참고할 사항입니다.

KOSPI 10000 NEXT LEVEL

NEXT LEVEL

주식의 종류와 투자 전략

보통주와 우선주

주식에도 종류가 있습니다. 삼성전자 같은 보통주를 살 수도 있고, 배당을 우선적으로 받는 우선주를 살 수도 있습니다. 배당을 많이 주는 배당주에 투자할 수도 있고, 요즘 뜨는 테마주를 탈 수도 있고, 여러 종목을 한 바구니에 담은 ETF를 살 수도 있습니다.

대부분의 초보 투자자들이 이 차이를 모른 채 오른다는 소문만 듣고 덤빕니다. 보통주와 우선주의 차이 정도는 알아야 합니다. 저평가주가 왜 안 오르는지도 알아야 합니다. 테마주에 뛰어들고 싶다면 어떻게 뛰어들어야 하는지도 알아야 합니다. 그렇지 않으면 이게 뜬다더라는 소문에 들어갔다가 하루 만에 −20%를 맞기도 합니다. 여기서는 주식의 종류별 특징을 명확히 이해하고, 각각에 맞는 투자 전략을 정리해보겠습니다. 내가 지금 사려는 게 정확히 무엇인지 알아야, 제대로 된 투자를 할 수 있습니다.

우선 보통주와 우선주를 구분합시다. 보통주는 일반적으로 우리가 사고파는 주식 종목을 말합니다. 주식을 사서 그 회사의 주주가 되는 것입니다. 보통주를 사서 주주가 되면 주주총회에서 투표할 수 있습니다. 보통주는 거래량이 많고 사고팔기 쉽습니다.

반면 배당을 우선적으로 받는 주식을 우선주라고 합니다. 대신 경영 참여는 못합니다. 이 우선주는 배당률이 정해진 경우가 많습니다. 배당률은 우선주를 처음 발행할 때 회사가 배당 조건을 명시합니다. 예를 들면 액면가의 연 5% 배당이라거나 혹은 보통주 배당 +1%라는 식입니다. 이는 회사 정관에 명시됩니다. 우선주는 거래량이 적어서 사고 팔기가 어렵습니다. 삼성전자, 현대자동차 같은 대형주만 조금 거래됩니다.

보통주와 우선주는 가격 차이가 있습니다. 가령 삼성전자 보통주가 100만 원이라면 삼성전자우(우선주)는 80만 원입니다. 우선주는 보통주보다 대체로 20~30% 싸게 거래되는 괴리율을 가지고 있습니다. 우선주 가격이 낮은 가장 큰 이유는 의결권이 없고, 거래량이 적어서 사고 팔기가 어렵기 때문입니다.

그런데 괴리율이 가끔 내려갈 때가 있습니다. 평균 괴리율이 20%였는데, 갑자기 40%로 떨어집니다. 이럴 때 누자 기회가 생깁니다. 다시 평균인 20%로 올라갈 것이니까요. 이럴 때 우선주를 사는 겁니다.

그러나 이와 같이 괴리율에 특별한 매력이 없는 한 우선주는 다루기 어렵습니다. 우량주이자 거래량이 많은 종목의 우선주가 아니면 초보 투자자들은 아예 신경을 안 쓰는 것이 좋습니다.

배당소득 분리과세

배당과 관련한 법률이 바뀌었습니다. 기존에는 소득세법상 배당소득과 이자소득의 합이 2,000만 원을 초과하면 타 소득과 합산해 6~45%의 소득세를 부과하는 종합과세 방식을 채택하고 있었습니다. 이러한 종합과세 방식을 분리과세 방식으로 바꿔, 배당소득을 타 소득들과 합산하지 않고 분리해 더 낮은 세율을 적용해서 소득세를 부과하는 것으로 세법이 바뀌었습니다.

2025년 6월 11일 이재명 대통령은 "국민들이 주식 투자를 통해 중간 배당도 받고 생활비도 벌 수 있게" 하겠다고 했습니다. 그 방향으로 법이 바뀐 것입니다.

이 법의 핵심은 배당 성향 40% 이상 기업 배당에 '배당소득 분리과세'가 적용된다는 것입니다. 2026년 1월 1일 이후부터 지급되는 배당분부터 적용됩니다. 이렇게 되면 어떻게 될까요. A 회사는 배당을 40% 줘서 그 주주가 세금을 절반 아꼈습니다. 그런데 B 회사는 비슷한 회사인데 39%를 배당해서 여기서 받는 배당은 고스란히 그대로 세금을 내야 됩니다. 그러면 주주들이 난리가 나겠죠. "2%만 더 배당해라"고 요구하게 될 겁니다.

이런 변화를 앞두고 있으니 40% 배당을 넘어갈 수 있는 여력(25% 이상도 해당되는 조건 있음)이 있는 종목들을 골라보십시오. 과거에는 배당을 많이 하지 않았는데 이 법으로 인해 배당을 많이 할 수 있는 기업들을 찾아보면 기회가 될 것입니다.

자사주 소각의 함정

자사주 소각에 대한 것도 여기에서 같이 다뤄보고자 합니다. 상법 개정에서 '자사주 소각을 의무화하는 법'이 통과됩니다. 자사주 소각은 기업이 자기 회사 주식(자사주)를 사들인 후 영원히 없애는 것입니다.

기업들이 자사주 소각을 하는 이유가 뭘까요. 크게 세 가지입니다. 첫째는 주가 부양 효과입니다. 시장에 유통되는 주식 수가 줄어들면 같은 이익이라도 주당 이익(EPS)이 증가하게 됩니다. 수요는 그대로인데 공급이 줄어드니 주가 상승 효과가 있는 거죠.

둘째는 주주 가치를 높이기 위해서입니다. 배당금 총액은 비슷해도 주식 수가 줄면 주당 배당금이 올라갑니다. "우리 회사는 주주를 생각합니다"라는 신호를 시장에 보내는 효과도 있습니다. 셋째는 여유 현금을 활용하기 위해서입니다. 회사에 현금이 많이 쌓여 있는데 마땅한 투자처가 없을 때, 주주들에게 돌려주는 방법 중 하나로 자사주 소각을 선택합니다.

자사주 매입과 소각은 다릅니다. 자사주 매입은 사놓고 보유만 하는 것으로 나중에 다시 팔 수도 있습니다. 반면 자사주 소각은 아예 없애버리는 것이라 되돌릴 수 없습니다. 그래서 소각이 더 강력한 주주환원 신호로 받아들여집니다. 그러면 투자자의 입장에서는 자사주 소각 발표는 좋은 신호라고 생각될 겁니다. 그러나 주의할 점도 있습니다. 회사가 정말 투자를 해야 할 데가 없어서 하는 것인지, 단기간에 주가를 부양하려고 하는 쇼인지, 이렇게 해서 재무구

조에 무리는 없는지 등을 함께 봐야 합니다. 삼양식품처럼 자사주를 매입하고 가지고 있다가 갑자기 시장에 팔아버리면 오히려 악재가 됩니다.

삼양식품은 2022년에 주주 가치 제고 및 임직원 성과보상을 목적으로 약 68억 원어치의 자사주를 매입했습니다. 그런데 2025년 11월 갑자기 이 자사주 전량(7만 4,487주, 약 994억 원)을 블록딜 방식으로 시장에 팔아버렸습니다. 주당 132만 6,875원으로 전일 종가 대비 3.5% 할인된 가격이었습니다. 회사는 930억 원의 차익을 실현했습니다.

삼양식품은 중국에 공장 증설을 위한 재원을 확보하기 위해서라고 해명했지만, 사실은 이미 현금 3,129억 원을 보유하고 있었고, 내년 만기 회사채 500억 원 상환도 여유가 있었습니다. 중국 공장 증설에 추가로 필요한 금액은 58억 원이었습니다. 58억 원 때문에 994억 원짜리 자사주를 팔았다니 이상했습니다.

타이밍도 절묘했습니다. 자사주 매각 공시 바로 다음 날 자사주 소각 의무화 상법개정안이 발의되었기 때문입니다. 이러니 소각이 의무화되기 전에 급하게 팔아치운 거라는 의혹이 제기됐습니다. 한국 기업 거버넌스 포럼은 이를 "나쁜 선례"라며 제도의 취지가 훼손된다고 우려했습니다. 이런 게 바로 자사주 매입의 함정입니다. 회사가 '주가를 방어하려고 산다'고 하면서 실제로는 싸게 사서 올릴 때까지 보유하고, 규제 의무화 직전에 팔아서 차익을 챙길 수 있다는 겁니다.

더하여 자사주 소각이 의무화되니 자사주를 많이 보유한 회사가 좋겠다고 생각하는 것은 너무 단순한 생각입니다. 투자를 잘하려면 1차적 사고에서 멈추시면 안 됩니다. 자사주 소각이 의무화된다→자사주 많이 보유한 회사가 좋다는 것이 1차적 사고입니다. 2차적 사고는 무엇일까요? "그 자사주를 정말 소각하게 될까?"를 고민하는 것입니다.

예를 들어 모 기업의 경우 자사주 비중이 유통되는 주식의 50%를 차지합니다. 이 회사가 자사주를 다 소각할까요? 그만큼의 자본이 날아가는 건데 어떻게 소각하겠습니까? 오히려 자사주 비중이 많을수록 소각이 안 될 가능성이 높습니다(그동안 봐오던 한국 기업의 행태에 비춰 그렇습니다. 제발 그렇게 되지 않기를 바랍니다만).

또 다른 경우를 생각해보겠습니다. 자사주를 10% 정도 보유한 회사가 있습니다. 자사주를 1만 원에 매입했는데 현재 주가가 2만 원이 됐다고 가정해봅시다. 여러분이 그 회사의 사장이라면 자사주를 소각하고 싶으시겠습니까? 아니면 팔고 싶으시겠습니까?

내가 산 가격보다 2배나 올랐는데 당연히 팔고 싶으시겠죠. 역으로 자사주를 10% 정도 보유하고 있는데 주가가 안 오른 회사들이 "그냥 소각해버리자"고 결정할 가능성이 높습니다. 하지만 그런 회사의 주식은 아무도 관심을 갖지 않습니다. 주가가 안 올라서 관심이 없었고, 자사주 비율도 많지 않아서 관심이 없습니다. 특히 대주주 지분율이 높은 회사라면 더욱 그렇습니다.

이렇게 복합적인 사고를 해야 합니다. 경제 기사를 보면 주로 자사주 비율이 높은 회사들이 많이 다뤄집니다. 그리고 사람들은 그런 회사의 주식을 사게 됩니다. 하지만 그런 회사들이 제대로 자사주 소각 모멘텀을 받을 수 있으려면, 투자자들의 압박과 관심이 더욱 필요할 것입니다.

저평가주 투자의 진실

주식의 종류 중에 진짜 투자 고수들이 관심을 갖는 것이 저평가주입니다. 워렌 버핏이 무엇으로 세계 최고 부자가 됐습니까? 저평가주입니다. 하지만 현실은 어떻습니까? 대부분의 개인투자자들은 저평가주에 관심이 없습니다. 왜냐하면 저평가주를 발굴하려면 공부를 많이 해야 하기 때문입니다.

저평가주란 현재의 주가가 내재가치, 즉 기업의 진짜 가치보다 시장에서 싸게 거래되는 주식을 말합니다. 그러면 내재가치를 확인해야겠지요. 내재가치는 무엇으로 확인합니까. 앞에서 살펴본 3년치 재무제표, 5년치 공시자료 등을 통해 파악이 가능합니다. PER, PBR, ROE 등 복잡한 지표를 살펴봐야 합니다. 그러면 보통의 투자자들은 "PBR이 뭐야? 귀찮아. 그냥 AI 테마주 사면 되지." 이렇게 생각합니다. 게다가 저평가주는 천천히 오릅니다. 기다려야 합니다. 그러나 진짜 기회가 저평가주에 있기도 합니다.

저평가주를 발굴하고 싶다면 저평가주 투자의 진실을 제대로 알아야 합니다. 이 진실은 바로 주가에 대한 이해에서 출발합니다. 저평가된 주식이라고 하니까 원래는 100만 원인데 지금은 50만 원에 거래되는 종목이라 생각합니다. 그러나 주가를 물건값처럼 생각하면 안 됩니다. "지난번에 1,000원이라고 봤는데 지금 800원이니까 싸네. 들어가도 괜찮다"는 식의 사고는 위험합니다. 주식 가격은 시장 참여자들이 합의하는 가격입니다. 과거에 1,000원이었어도 지금 사람들이 2,000원에 합의했다면 그것이 현재의 적정 가격입니다.

반대로 지금 800원이라고 해서 1,000원보다 싸다고 생각하는 것도 오류입니다. 더 떨어질 수 있습니다. 저평가된 주식을 사라고 할 때는 '예전보다 싼 주식'을 말하는 것은 아닙니다. 지금 800원이라는 것은 저평가라는 뜻이 아니라 평가절하 중이라는 뜻입니다. 이 주식을 부정적으로 보는 사람이 더 많아지면 적정 가격은 더 내려갈 수 있습니다. 그러니 과거의 주가를 기준으로 비싸다 혹은 싸다를 판단하면 기회를 놓칠 수도 있고 더 큰 손해를 볼 수도 있습니다.

내재가치보다 주가가 낮은 것과 실제로 오르는 것은 별개의 문제입니다. 저평가주로 수익을 내려면 결국 필요한 것은 '상승하는 조건'입니다. 상승하려면 어떤 조건이 필요할까요? 저평가되었다는 것을 사람들이 인식할 만한 모멘텀이 와야 합니다. 즉 시장에서의 인식이 변화하는 계기, 구체적인 호재가 필요합니다. '이 주식이 진짜 저평가구나, 이제 오늘부터 오를 수 있겠다'는 시장 참여자들의 합의가 필요합니다.

두산에너빌리티가 대표적인 사례라고 할 수 있습니다. 두산에너빌리티는 2023년 초 주가가 1만 8,000원대였습니다. PBR이 0.5 미만이었습니다. 원전 기자재 독점 기업인데도 저평가되고 있었습니다. 모멘텀은 언제 발생했을까요. 2024년 글로벌 SMR(소형원전) 붐이 붑니다. 2024년에는 미국, 유럽에서 원전을 재개한다는 선언이 나옵니다. 이로 인해 2025년 10월 9만 6,000원대를 돌파합니다. 약 433% 상승한 것입니다. 원전 르네상스라는 모멘텀이 시장의 인식을 바꾼 것입니다. 저평가 가치주는 실적이 제대로 나오기 시작했을 때, 신사업이 성공했을 때 오르기도 하지만, 이처럼 정책 방향이 바뀌는 것으로 큰 모멘텀을 만들기도 합니다.

재무제표를 잘 분석해서 '이건 정말 싸다'라고 판단했다고 그 주식이 항상 오르는 것은 아닙니다. 주식 시장은 거듭 말했듯이 결국 인기 투표입니다. 저평가주나 가치주 중에서도 실제로 오르는 종목이 따로 있는 이유가 이것입니다. 그리고 당연하게도 저평가주의 경우에도 똑같이 손절 −10%의 원칙, 익절은 없다는 원칙, 바닥을 확인하고 어깨인지를 확인하고 매매해야 한다는 원칙을 지켜야만 수익을 극대화할 수 있습니다.

테마주는 급하게 타지 말라

투자자들이 가장 많이 홀리는 주식은 테마주입니다. 테마주에 올라타도 되냐는 질문을 받을 때 제가 하는 말은 "주식 시장에 막차는 없다"는 것입니다. 무슨 말이냐 하면 계속 올라갈 종목이라면 확인해보고 들어가도 된다는 겁니다. 테마주에서 손실을 보지 않으려면 하나만 기억하면 됩니다. "반도체 종목이 지금 너무 좋은데, 그다음 테마는 무엇으로 준비하면 좋나요?" 이런 질문을 받습니다. "다음 테마는 이거 될 거야"라고 미리 예측해서 들어가면 안 됩니다.

사실 이런 질문이 크게 의미가 없습니다. 다음 테마가 뭔지는 다들 대충 짐작합니다. 로봇주, AI주 등 예측이 뻔합니다. 여기서 반 발짝 더 나아간다면 AI와 결합될 수 있는 분야를 찾아보면 됩니다. 생각해봅시다. AI가 결합될 분야 중에 가장 먼저 산업이 크게 열릴 분야가 어디일까요? 바로 의료일 것입니다. AI를 통해 병원에 오지 않고도 환자의 상태를 자동으로 파악하는 시스템이 전국에 깔리는 일이 곧 벌어질 것입니다. 그러면 이런 사업을 하는 회사가 다음 테마일 것입니다. 테마는 붕붕 건너뛰는 것이 아니라, 연계되어 징검다리처럼 건너가야 합니다.

테마주에 묻지마 투자를 해서는 안 됩니다. 전설의 투자가들은 대부분 테마주를 강력하게 경고합니다. 왜냐하면 테마주는 실제 가치보다 기대로 인해 가격이 형성되는 측면이 크기 때문입니다.

하지만 테마주를 겁낼 필요도 없습니다. 사람들이 많이 몰리는 곳에서 수익도 나는 법이기 때문입니다. 진짜 테마주는 곧 시장 주도주가 되기 때문입니다. 테마주에 들어갈 때는 가장 중요한 사항이 일시적인 것인지 장기적 흐름을 형성할 것인지를 살펴보는 것입니다.

실적을 분석하며 기술이 있는지, 내재적 가치가 괜찮은지, 이 테마가 하나의 산업으로 확장될 수 있는지를 검토하고 들어가도 늦지 않습니다. "오늘 이 테마래. 지금 아니면 안 돼. 급해, 급해!"그런 건 없습니다. 막차가 없습니다. 진짜 좋은 테마면 어차피 계속 오릅니다. 오늘 10% 올랐다면? 내일 또 오릅니다. 모레도 오릅니다. 한 달 동안 오릅니다.

근데 가짜 테마면? 오늘 10% 올랐다가 내일 20% 떨어집니다. 그거 타려다가 죽는 겁니다. 그러니까 급할 게 없습니다. 테마를 확인하고, 실적을 확인하고, 기술을 확인하고, 내재가치를 확인하고, 공부하고 들어가도 전혀 늦지 않습니다. 이 회사가 AI 테마주라고 하면 확인을 하십시오. 이 회사가 AI를 진짜 잘 다루나? 실적이 나오고 있나? 기술을 갖췄나? 이 회사가 하는 AI 사업이 앞으로 계속될 흐름인가? 이런 것을 확인해야 합니다.

테마주를 할 때는 막차 심리의 함정을 조심해야 합니다. "막차다!" 이런 건 작전 세력이 만드는 겁니다. 진짜 좋은 종목은 막차가 없습니다. 오늘 못 탔다고 해도 앞으로 계속 상승할 게 확실하면 내일 타면 됩니다. 공부하고 확신 생기면 그때 타면 됩니다.

ETF는 과일바구니다

개별 종목을 사기가 어려우면 ETF를 하라고 합니다. ETF는 Exchange Traded Fund의 약자로 상장지수펀드를 말합니다. 주식처럼 거래소에서 실시간으로 매매할 수 있는 펀드입니다. ETF는 원래 주요 지수를 추종하는 인덱스 펀드의 한 형태로 시작했는데, 지금은 다양한 자산이나 투자 전략을 좇는 상품으로 발전했습니다.

ETF는 어떻게 이해해야 할까요. 마치 과일 바구니 같은 것입니다. 비유를 들자면 이런 것입니다. 여름에 태풍이 심하게 오고, 홍수에 가뭄에 난리가 났습니다. 그러면 추석 때쯤 과일값이 폭등하리라는 걸 예상할 수 있습니다. 이럴 때 원칙은 종목 투자입니다. 종목 투자를 하려면 제대로 확인해봐야 합니다. 사과 농사가 괜찮은가? 나주 배는 괜찮은가? 산지에 갈 수 있으면 가서 살펴보고 직접 확인해야 합니다. 가락시장에 가서 과일 도매가가 얼마인지 보고, 창고 업자들이 확보하고 있는 예비 물량도 확인해봅니다. 그렇게 살펴보니 무조건 추석에 3배 뛴다고 확신하게 됩니다. 이렇게 투자하는 게 가장 좋을 방법일 겁니다.

그런데 내가 나주까지 갈 틈이 없습니다. 하물며 가락시장에 갈 시간도 없습니다. 게다가 사과, 배, 감 등 온갖 과일을 다 각각 살펴봐야 할 것 같은데 어떻게 봐야 할지도 모르겠습니다. 그러면 어떻게 하느냐. 어쨌든 과일값은 올라가니까 과일 바구니째 사둡니다. 바구니에 담긴 과일 중 가격이 올라갈 거니까요. 이게 ETF입니다. 시간이 없거나 종목 공부가 부족한데, 다만 섹터가 오른다는 확신은 있을 때 하는 겁니다. 반도체 ETF, 조선주 ETF 등이 대표적인 예입니다. 이 과일바구니는 누가 만들어두었을까요. 국내 ETF는 삼성자산운용(KODEX), 미래에셋자산운용(TIGER), 한국투자신탁운용(ACE) 등 자산운용사 브랜드가 상품을 출시합니다.

주식 투자를 할 때 계속 ETF에만 투자하는 건 문제가 있습니다. 생각해봅시다. 사과, 배가 많이 오른다고 해도, 그 과일바구니에는 값이 안 오르거나 오히려 떨어진 참외가 있을 수도 있습니다. 그러면 과일바구니 가격이 개별 과일값만큼 오르지는 않겠죠. 그래서 ETF만 해서는 5년 동안 0이 하나 더 붙을 수가 없습니다.

그리고 주식 투자는 결국 종목을 발굴하는 감각을 키워야 합니다. ETF에 기대서는, 주식 투자를 온전히 잘한다고 말할 수 없습니다. 또한 ETF는 무조건 장기로만 하는 것은 아닙니다. 3개월이든 6개월이든 과일값이 오르는 추석 때까지 하는 겁니다.

여기서 말씀드리고 싶은 것은 시간을 두고 ETF를 개별 종목 발굴을 할 때 잘 활용하는 방법입니다. A라는 증권회사의 ETF 과일 바구니를 봤더니 수익률이 30%입니다. 그다음에 B라는 증권회사의 ETF 과일 바구니를 봤더니 수익률이 40%입니다. 두 바구니 모두에 들어 있는 종목이 뭔가 살펴봤더니 사과와 배입니다. 반면에 차이가 나는 것은 무엇인지를 살펴보았더니, A라는 ETF에는 B에는 없는 키위가 들어가 있습니다. 그러면 키위가 수익률을 깎아먹은 것이니, 키위는 버리는 것입니다.

이런 식으로 수익을 더 잘 내는 종목들을 가리는 데 활용할 수 있습니다. ETF를 2년, 3년씩 한다는 것은 투자 공부를 안 하겠다는 것입니다. "네가 대신 골라줘"라는 것입니다. 투자는 잘해도 내 탓, 못해도 내 탓이라고 말씀 드렸습니다. 이래서는 투자 고수가 되기 어렵습니다.

ETF에는 종류가 있습니다. 섹터 ETF가 있고 지수 ETF가 있습니다. 대통령이 투자하는 것이 시장 전체가 들어가 있는 지수 ETF, 코덱스 200입니다. 이건 손절이 없습니다. 주식 시장이 망했을 때 손절하는 겁니다. 코스피 지수가 5,000 간다고 믿었다면, 1만 간다고 믿는다면 코덱스 200은 떨어진다고 손절하는 게 아닙니다.

반면 섹터 ETF가 있습니다. 원전 ETF, 반도체 ETF, 방산 ETF 등 같은 것인데요. 이건 종목을 손절할 때와 똑같이 하면 됩니다. 10% 빠지면 던지는 겁니다. 앞에서 포트폴리오를 구성할 때 초보 투자자들의 경우 50% 정도를 안전한 종목에 투자하라고 하는데요. 그 50% 안전판에 해당하는 게 ETF일 수 있습니다.

KOSPI 10000 NEXT LEVEL

7

NEXT LEVEL

섹터별 투자 전략

1만 시대, 무엇이 이끄나

코스피 1만 시대를 이끌 섹터가 무엇이냐가 주요한 관심사일 텐데, 사실 이미 다들 알고 있습니다. 한국 경제의 성장 동력이 될 섹터들은 분명합니다. 특히 앞으로 정부가 열심히 성장시키겠다고 한 산업들이 핵심입니다. 여기서 우리가 공부해야 하는 것은 각 산업들에 대한 구체적인 분석이 아닙니다. 어떤 산업의 미래가 밝은가 어두운가라는 측면이 아니라 투자자라면 "그 섹터의 이 종목과 결혼하면 수익을 낼 수 있느냐"를 봐야 합니다. 투자자의 관점은 경제 전문가와 달라야 한다는 것입니다. 왜 이런 관점이 중요할까요. 예를 들어 보겠습니다. 2차전지가 나쁜 산업입니까? 아닙니다. 2차전지는 국가 기간산업으로 우리나라의 미래입니다. 그러나 지난 몇 년간 2차전지 주식은 좋지 않았습니다. 산업의 중요성과는 결이 다르게, 자동차 배터리 캐즘으로 인해 당분간 수익성 실적은 어려운 상황입니다.

즉, 주목할 섹터를 찾는 것은 그 섹터의 성장성, 기울기, 시장 에너지 집중도, 기회 비용 등을 통해 움직임이 있을 가능성을 찾는 것입니다. 산업 자체의 장점이 아니라 주식 투자 수익의 가능성을 봐야 하는 것입니다.

그러면 어떤 섹터가 성장의 기울기가 가파를까요. 우선 정부 차원에서 미는 5대 분야를 잘 봐야 합니다. 쉽습니다. A, B, C, D, E, F, G 입니다.

A　AI + 반도체

B　바이오 + 헬스

C　Contents, K-컬쳐

D　Defence, 방산

E 에너지 고속도로 + 전기/전력

F 금융, 증권

G 거버넌스

이것이 주요 섹터입니다. 하나하나 살펴보겠습니다.

A : 앞으로 5년간 몰빵할 AI

지난 윤석열 정부가 앞으로 5년간 우리나라의 모든 돈과 인력과 자본을 집중하기로 한 섹터가 바로 AI입니다. 이재명 정부의 AI 투자 규모도 어마어마합니다. 2026년 예산만 10조원이고, 대선 공약으로 임기 중 총 100조 원 규모의 투자를 제시했습니다. 핵심 인프라 확보도 구체적입니다. 엔비디아가 한국 정부와 주요 기업에 총 26만 장 이상 GPU를 공급하는 계약을 체결했고, 정부는 그중 3.5만 장을 조기 확보했습니다. 전국 70여 곳에서 국가 AI 컴퓨팅센터를 개발 중입니다. 인재 양성도 빠지지 않습니다. 2026년 목표가 고급 AI 인재 1.1만 명을 양성하는 것입니다.

정부 자체도 AI로 바꿉니다. AI 네이티브 정부 업무관리 플랫폼을 도입해서 칸막이 행정을 해소하고, 민간 플랫폼과 연계한 AI 기반 통합 민원 플랫폼으로 대국민 서비스를 혁신하겠다는 계획입니다.

이 분야를 피할 이유가 없습니다. 여기가 향후 수익이 날 섹터인 것은 분명합니다. 지금 당장 사라는 게 아니라 반드시 공부를 해두었다가 들어갈 수 있을 때 빨리 들어가야 하는 섹터입니다.

현재 AI 섹터를 이끄는 것은 AI 반도체입니다. SK하이닉스와 삼성전자입니다. 이 두 종목이 코스피 전체를 이끄는 주도주입니다.

삼성전자가 너무 많이 올라서 들어가기 주저할 수도 있습니다. 또한 삼성전자가 4만 9천 원까지 무너졌던 기억이 있어서 들어가기를 망설이는 분도 있습니다. 그러나 익절 개념 없이 계속 올라갈 여지가 큽니다.

2025년 4분기 실적을 보면 중요한 신호가 있습니다. 2025년 4분기 매출이 93조, 영업이익이 20조였습니다. 연매출의 절반을 4분기에 다 한 것입니다. 이렇게 해서 올라가고 있는데, 2026년 1, 2분기까지 계속 올라갈 수 있다는 게 핵심입니다. 전 세계 반도체 시장은 완전히 공급자 중심 시장으로 재편되었고, 공급 부족 사태가 해결되지 않고 있습니다. 2026년 1분기에는 2025년 4분기보다 더 좋은 실적이 나올 수 있습니다.

삼성전자가 그동안 보여줬던 패턴은 기대를 가지고 오르다가 실적이 발표 나면 모두가 일제히 팔면서 주가가 떨어지는 방향이었습니다. 하지만 2025년 말 실적 발표 때는 그렇지 않았습니다. 여전히 지금이 들어갈 타이밍입니다. 기다리는 조정은 오지 않을 가능성이 큽니다. 적어도 2026년 동안에 반도체 섹터는 문제가 없다고 볼 수 있습니다.

여기에 현대차의 아틀라스에서 봤듯이 피지컬AI 시대도 준비되고 있습니다. 로봇주도 모두 이 섹터를 이끄는 종목입니다.

B : 바이오, 실버 산업이 핵심

바이오는 기본적으로 실버 산업이기 때문에 고령화 사회로 가는 추세에 맞춰 성장하는 섹터입니다. 우리나라에는 정말 좋은 기술을 가진 바이오 기업들이 있습니다. 옥석을 잘 가리면 전 세계적으로 조 단위의 수출 실적을 내는 기업들이 나올 수 있습니다.

2025년 한국 바이오 기업들의 기술 수출 규모가 약 19조 원을 돌파했습니다. 한국보건산업진흥원에 따르면 2025년 바이오헬스 산업 수출은 279억 달러(약 41조 원)로 전년 대비 10.6% 증가했고, 2026년에는 304억 달러(약 45조 원)로 처음으로 300억 달러를 넘을 전망입니다.

한국은 이미 바이오 시장에서 글로벌 톱3 기술 공급국입니다. 글로벌 제약사들은 초기 연구에서 발생하는 리스크를 줄이기 위해 다른 회사가 초기에 연구한 기술을 도입하는 데 적극적인데, 여기에 한국 바이오 기업들이 매력적인 대안으로 떠오르고 있습니다.

한국 바이오 기업들의 수출 시장도 바뀌고 있습니다. 과거에는 아시아 시장이 대다수를 차지했는데, 2025년에는 유럽 시장이 22.5%에서 34.5%로, 북미 시장이 10.2%에서 20.0%로 급증했습니다.

자체 블록버스터 신약도 나오고 있습니다. 기술 수출만 하는 게 아니라 직접 팔아서 돈을 버는 모델입니다.

이 섹터에서 잘 발굴하면 가장 재미있고 대박이 날 가능성이 많습니다. 투자 대비 1만 원 넣고 10만 원 버는 것이 가능한 섹터가 바이오입니다. 그러나 조심해야 합니다. 바이오주는 기술 관련 뉴스에 따라 급등과 급락을 보이기 때문입니다. 일례로 에이비엘바이오는 2025년 12월 일라이 릴리와 3.8조 원 계약 발표 후 주가가 10만 원에서 17만 원대로 급등했습니다. 반면 같은 바이오주인 알테오젠은 2026년 1월 GSK와 4,200억 원 계약을 발표했는데, 시장이 기대했던 1.9조 원보다 작다는 이유로 하루 만에 주가가 22% 폭락했습니다.

바이오주는 기술 수출 발표가 났다고 무조건 오르는 게 아닙니다.

시장이 이미 큰 계약을 기대하고 주가에 반영했는데, 실제 계약이 작으면 오히려 폭락합니다. 특히 뉴스에 민감한 섹터이기 때문에 뉴스가 나온 직후의 충동 매수는 정말 위험합니다. 진짜 기술이 있는 곳인지 아닌지 잘 살펴봐야 합니다. 실제 기술 없이 상장해서 투자자들의 돈만 끌어 쓰다 사라진 기업도 많습니다. 옥석을 가리는 게 핵심입니다.

C : K-콘텐츠, 민간을 정부가 밀다

문화체육관광부가 국정기획위원회 업무 보고에서 2030년까지 K-컬처 시장을 300조 원 규모로 키우겠다는 목표를 밝혔습니다. 이를 위해 5년 간 총 51조 3,797억 원의 예산을 확보해 K-콘텐츠의 해외 진출을 적극 지원하고, 한류 확산 거점도 구축한다는 것입니다. 올해 문체부 예산이 7조 원대인데, 내년엔 8조 4,607억 원, 2029년 엔 13조 7,163억 원까지 늘릴 계획이라고 합니다.

정책 발표 이후 미디어와 엔터 업종 주가가 일제히 상승했습니다. 이 기대감의 핵심은 정부의 지원입니다. 그간 K-콘텐츠가 글로벌 시장에서 인기를 끌었지만 정부 지원이 상대적으로 적었기 때문입니다.

지정학적 불안이 국제적으로 커지고 있습니다. 유럽이 나토의 붕괴를 걱정할 정도입니다. 예전에는 미국이 유럽을 지켜줬지만, 이제는 각 나라가 스스로 자기 나라를 지켜야 하는 상황이 되었습니다. 실제로 유럽은 무려 8,000억 유로, 약 1,200조 원을 들여서 다시 무장하겠다는 계획을 발표했습니다. 전 세계의 군비 경쟁은 이제 시작일 수 있습니다. 지금 전 세계 국가들이 방위산업체에 대한 관심이 매우 큽니다. 평화를 지키기 위해서라도 무기를 사야 한다는 방향으로 가고 있습니다. 2차 세계대전 이후 글로벌 무기 수요 증가는 최대 규모로 평가받고 있습니다.

여기에서 핵심은 한국 방산주의 독특한 위치입니다. 전 세계 국가들을 나눠보면 미국 위주로 무기를 사야 하는 나라들이 있고, 러시아·중국 위주로 무기를 사야 하는 나라들이 있습니다. 그런데 양쪽 모두를 눈치를 봐야 하는 국가들이 있습니다. 이런 국가들은 어디에서 무기를 구입할까요. 바로 우리나라에서 삽니다.

한국 방산은 어느 나라나 다 팔 수 있습니다. 실제로 베트남은 오랫동안 러시아 무기만 썼는데, 최근에 한화에어로스페이스의 K-9 자주포를 정부 간 거래 방식으로 3,700억 원어치나 샀습니다. 사회주의 국가에 한국 무기가 들어간 건 이번이 처음입니다. 이런 포지션의 이점에 더해 한국 방산의 장점은 기술이 좋다는 것입니다. 그간 우리나라 방산은 값싸고 괜찮은 품질의 제품을 빨리 만드는 추격자 단계에 있었습니다. 그러나 무기만이 아니라 정보, 위성, 운영 체계를 함께 제공하는 산업으로 도약하려는 노력들이 진행 중이고 성과가 나고 있습니다. 이렇게 방산주는 전쟁 수혜주라는 별명을 떼고, 수출 중심의 고수익 산업으로 체질 개선을 해가고 있습니다. 이 섹터를 이끄는 주요 종목은 한화에어로스페이스, 현대로템, LIG넥스원입니다.

E : 한반도를 바꿀 U자형 에너지 고속도로

이 섹터의 핵심은 에너지 고속도로입니다. 경부고속도로가 있는 한국과 없던 한국이 완전히 다르듯이, 에너지 고속도로는 대한민국의 산업 지도를 다시 그릴 것입니다. 에너지가 있는 곳에 산업이 생기기 때문입니다. 정부가 추진 중인 에너지 고속도로는 서해안의 신재생에너지와 동남해안의 원전을 연결하는, 한반도를 U자형으로 감싸는 송전망 구축 프로젝트입니다. 경부고속도로 발전을 미리 알았다면 얼마나 큰 기회였을까요? 지금이 바로 그 시점입니다.

정부와 한국전력은 제11차 전력수급기본계획에 따라 초고압직류송전(HVDC) 신설, 대규모 변전소 구축, 서해안 620km 해저 송전망을 포함한 '에너지고속도로' 사업을 추진 중입니다.

한반도를 U자로 감싸는 송전망 구축은 서해안의 신재생에너지(해상풍력, 태양광)와 동남해안의 원전에서 생산된 전력을 수도권으로 보내는 대규모 프로젝트입니다. 산업연구원 자료에 따르면 데이터센터 전력 소비의 77.9%가 수도권에 집중돼 있으며, 태양광은 내륙, 풍력은 해안·제주에 집중돼 있는 반면 수요는 수도권에 몰려 있어 송전망 확충 없이는 안정적 공급이 어렵습니다.

송전망이 길어지는 만큼 송배전 설비 투자도 확대됩니다. 송배전주, 전선, 고압 케이블, 변압기가 연속적으로 설치되며, 이 모든 과정이 에너지 섹터 기업들에게 기회가 됩니다.

2024년 기준 국내 상업용 데이터센터의 약 90%가 서울 및 수도권에 위치해 있는데, 이 시장의 핵심 질문은 "GPU가 얼마나 깔릴까?"가 아니라 "전력을 얼마나 안정적이고 빠르게 공급할 수 있는가?"일 겁니다.

송배전망 산업은 국내뿐만 아니라 글로벌 수출 산업이기도 합니다. 특히 미국 시장이 핵심입니다. 효성중공업은 미국 유력 송전망 운영사와 약 7,870억 원 규모의 초고압 변압기 및 리액터 공급 계약을 체결했으며, 이는 창사 이래 최대 규모입니다. 미국 데이터센터 전력 수요 급증으로 초고압 변압기와 고압 케이블 시장이 폭발적으로 성장하고 있으며, 한국 기업들의 수출도 가파르게 증가하고 있습니다.

여기에 더해 원전도 살펴봐야 합니다. 원전은 세계적으로 유지될 수밖에 없습니다. 신재생에너지만으로는 24시간 안정적인 전력 공급이 어렵기 때문입니다. 한국은 원전 기술 강국입니다.

F : 그동안 너무 소외되었던 금융의 글로벌화

금융 섹터의 핵심은 본격적인 투자은행 시대가 열린다는 것입니다. 한국 증권업계에 변화가 시작됐습니다. 2025년 한국투자증권이 국내 증권사 중 처음으로 연간 순이익 2조 원을 넘겼고, NH투자증권, 미래에셋증권, 삼성증권, 키움증권도 1조 원 클럽에 합류했습니다. 이게 모두 증시 호황에 힘입은 것입니다. 이게 중요한 이유는 이제 한국의 투자금융이 글로벌 금융회사와 경쟁할 수 있는 규모가 됐다는 의미입니다.

코스피 1만 시대로 가면 이 규모는 더 커질 것입니다. 여기에 정부의 의지도 강합니다. 자본시장연구원은 "정부가 증권사를 혁신

기업에 투자하는 핵심 역할로 키우려 한다"고 분석했습니다. 단순히 주식을 사고파는 수수료 중심 회사가 아니라, 기업에 자금을 대주고 성장시키는 진짜 투자은행으로 키우겠다는 겁니다.

한국투자증권은 이미 발행 어음으로 18조 원이 넘는 자금을 모았습니다. 이런 큰 자금력이 있어야 글로벌 금융회사들과 경쟁할 수 있습니다. 예상보다 빠르게 자금이 모이면서, 증권사들이 기업금융 사업에서 큰 성과를 낼 거라는 기대가 커지고 있습니다.

여기에 2026년부터 배당소득 세금이 크게 줄어듭니다. 그동안 배당금을 많이 받으면 최고 49.5%까지 세금을 냈는데, 이제는 최대 30%만 내면 됩니다. 2,000만 원 이하는 14%만 내면 되고요.

그동안 쌓아두었던 엄청난 영업이익을 이제는 배당할 수 있다는 기대가 은행주에 대한 관심을 폭발시키고 있습니다. 증권사들은 "2026년은 은행주가 국민주로 자리잡는 원년이 될 것"이라고 말합니다. 금융주가 장기 투자 자산으로 다시 주목받기 시작한 겁니다.

한국 증권사들은 이제 국내 시장만 보지 않습니다. 한국투자증권은 2030년까지 해외 수익 비중을 30%로 늘리겠다고 밝혔고, 골드만삭스 같은 글로벌 금융회사들과 손잡고 있습니다. 홍콩, 미국, 인도네시아 법인들이 빠르게 성장하고 있고, 특히 미국 법인은 전년 대비 146% 성장했습니다. 베트남과 인도네시아 같은 동남아 시장에서는 이미 현지 10대 증권사에 들어갈 만큼 자리를 잡았습니다. 현지 증권사들과 비교해도 규모나 자본력에서 뒤처지지 않습니다.

다만 아직 풀어야 할 숙제도 있습니다. 국내 증권사 29곳 중 절반 가까이가 지배구조(경영 투명성) 평가에서 낮은 등급을 받았습니다. 이는 기회이기도 합니다. 개선의 여지가 크다는 뜻이기도 합니다. 경영 문제가 개선되면 투자 매력도 더 높아질 겁니다.

G : 거버넌스 개혁은 모든 종목을 상승시킨다

거버넌스 개혁이 본격화되고 있습니다. 이로 인해 수혜를 받는 종목들을 따로 주목해야 할 정도로 새로운 투자 기회가 여기에 몰려 있습니다. 이사의 충실의무, 자사주 의무 소각, 물적분할 금지, 의무공개매수 도입, 저PBR 퇴출. 이 다섯 가지 테마를 받는 종목들은 모두 상승 여력이 있습니다. 실적이 좋아서가 아니라, 제도가 바뀌면서 저평가가 해소되기 때문입니다. 지금이 투자할 포인트입니다.

이사의 충실의무가 확대되면 어떤 종목들이 수혜를 받을까요. 기본적으로 복잡한 지배구조를 가진 대기업들의 지주사, 현금은 많은데 배당을 안 주던 저배당 우량기업들입니다.

자사주 보유 비중 높은 기업의 종목도 더 수혜를 받을 겁니다. 현대차, 포스코, 네이버 등이 여기 해당됩니다. 물적분할이 금지되면 자회사의 가치는 크지만 모회사 주가가 저평가된 기업에 주목하십시오.

아직 회복 신호가 잡히지 않은 분야

석유화학, 정유, 건설, 철강과 같은 이런 섹터들은 피하는 것이 좋습니다. 정유 회사의 이익이 좋아진다는 기사를 보고 이 분야에 투자하신 분들이 계실 겁니다. 중국과의 물량 경쟁, 중동 업체의 신규 진입 부담, 고부가 가치 라인업 확보, 국내 업체 간 빅딜 등이 완성되려면 더 시간이 필요해 보입니다.

KOSPI 10000 NEXT LEVEL

Q1 | 자녀의 투자 교육은 어떻게 해야?

많은 부모님들이 자녀에게 일찍부터 주식 투자를 가르쳐야 한다고 생각하시는데, 저는 그 순서가 잘못됐다고 생각합니다. 아이들에게 주식 투자부터 먼저 시키지 마십시오. 걷지도 못하는 아이를 뛰게 만들려는 것과 같습니다. 영어 유치원에 보내면 영어 천재가 될 것 같고, 어느 학원 보내면 명문대 갈 것 같은 부모의 조급함과 비슷한 일이라 봅니다. 투자 교육, 금융 교육도 순서가 있습니다.

첫째, 가장 먼저 소비 교육부터 해야 합니다. 돈을 어떻게 버는 것인지, 우리 집 수입은 얼마인지, 생활비는 어떻게 나가는지, 가계부는 어떻게 쓰는지부터 가르쳐야 합니다. 절약하는 법, 용돈 기입장 쓰는 법, 낭비하지 않는 습관이 금융 교육의 기초입니다.

둘째, 나이가 들어가면서 단계별 실용 경제 교육이 필요합니다. 은행 계좌를 열어 적금하는 법, 예금과 적금의 차이, 이자와 금리의 개념, 아르바이트할 때 근로 계약서 작성하는 법, 월세 계약하는 법을 알아야 합니다. 최근에는 사회 생활 시작부터 창업하는 경우도 많은데, 일과 자본의 관계에 대한 이해가 필요합니다. 영화에 재능이 있어도 투자는 어떻게 이루어지는지, 자금집행 실무와 이익분배 등과 같은 경제를 모르면 영화가 제작되지 못합니다. 이처럼 인생 단계별로 배워야 할 경제 지식들이 있습니다. 그런 지식이나 경험이 없어서 크고 작은 사기를 당하는 경우도 많습니다.

셋째, 경제 이론 교육입니다. 조금 더 깊이 들어가서 금리가 무엇인지, 환율이 어떻게 움직이는지 같은 경제 이론이 그다음입니다. 이 과정이 충분히 쌓인 다음에 투자를 배워도 늦지 않습니다.

투자는 이론으로 되는 것이 아니라 세상이 돌아가는 이치를 알아야 합니다. 특히 투자가 사람들의 심리에 크게 좌우된다는 점을 잘 알아야 합니다. 사람들의 심리를 이해할 수 있는 인생 경험과 사회적 지식이 녹아들어야 좋은 투자자가 됩니다.

중학교 3학년 학생이 게임을 하듯이 주가를 들여다보는 게 좋은 투자자가 되는 일일까요? 트럼프의 외교 정책이 시장에 리스크가 되는 이유가 무엇인지를 이해할 수 있을까요? 오늘 우리 주가가 1만 원이 올랐네, 1만 1,000원이 올랐네, 이런 설 이야기하는 것은 도파민만 자극하는 잘못된 투기 경험을 심어줄 뿐입니다. 저녁마다 온 가족이 모여 주가가 올랐는지 내렸는지를 확인하는 것은 투자 교육이 아니라 도박 교육에 가깝습니다.

극단적인 예를 들면, 전쟁이 터지면 주가가 올라가는 방산주를 보면서 어떻게 생각하겠습니까. '전쟁이 터지면 내 주가가 올라가네.' 이렇게만 생각하게 될 수 있습니다. 전쟁이 일어나면 다른 산업 분야가 받을 타격, 전체 시장이 받을 리스크, 무엇보다 사람들의 삶이 무너지는 문제, 세계 평화 등을 같이 판단할 수 있어야 합니다. 긴 호흡으로 제대로 된 경제 생활인으로 성장시키는 것이 진정한 금융 교육입니다.

Q2 | 코스닥 시장은 앞으로 어떻게 됩니까

이 질문은 코스닥 시장에 투자하려는 분들이 많이 물어보십니다. 우선 코스닥 시장이 코스피 시장과 무엇이 다른지를 알아야 합니다. 코스닥은 태생적으로 스타트업, 신기술 기업, 성장 초기 기업들이 모여 있는 시장입니다. 이 기업들은 금리 변화, 정부 정책, 외부 자금 환경 등과 같은 요인에 코스피 기업들보다 훨씬 민감합니다. 금리가 오르면 엔젤 투자가 막히고, 정부 지원이 끊기면 성장이 멈추는 그런 기업들이 많습니다.

최근 코스닥 시장에 대해 관심이 많아진 것은 무엇보다 정부와 여당이 코스피에 이어 코스닥도 본격적으로 활성화시킨다고 발표했기 때문입니다.

사람들은 이재명 정부가 코스피 5000을 공약하고, 그게 실현되는 걸 목격했습니다. 이 정부에 대해서 '하겠다면 해낸다'는 신뢰가 생겼습니다. 이 상황에서 코스닥에 대한 정부의 발표는 즉각적인 시장의 신뢰와 기대감을 갖게 했습니다.

특히나 코스닥은 본질적으로 정부 발표나 제도, 매크로 외부 지표에 크게 좌지우지되는 시장이기에 다른 어떤 요소보다 폭발적으로 시장에 영향을 주고 있는 것입니다.

다만 코스닥은 코스피와 결정적으로 다른 부분이 있습니다. 코스피를 이끌고 있는 삼성전자, SK하이닉스를 보면 그 실적이 어마어마합니다. 그 실적에 비해 기업 가치를 평가하면 여전히 저평가 상태입니다. 반면 코스닥 시장을 이끄는 바이오, 로봇, AI 관련 기업들을 보면 실적에 비해 주가가 이미 매우 높습니다. 예를 들어 어떤 로봇 기업은 PER(주가수익비율)이 수천 배가 넘습니다. 전 세계에서 제일 높은 수준일 겁니다.

똑똑한 국내 투자자들은 코스닥 개별 송복을 사자니 너무 비싼 것 같고, 안 사자니 시장은 더 오를 거 같은 이 딜레마를 해결해야 했습니다. 그래서 어떻게 했을까요. 코스닥 ETF로 몰려들었습니다. 현재의 코스닥은 코스닥 ETF에 자금이 몰리니 ETF 안에 담긴 개별 종목들도 따라 올라가는 구조입니다. 코스피와 상황이 좀 다릅니다. 코스피는 삼성전자가 뜨니까 코스피 지수가 오르는 것이지만, 코스닥은 ETF가 뜨니까 낙수 효과로 개별 종목이 오르는 것입니다.

앞으로 코스닥 시장이 상승하려면 세 가지를 지켜봐야 합니다.

첫째, 유동성 공급이 계속 이어지는지 확인하십시오. 지금 같은 코스닥 ETF 매수세가 끊기지 않는지 체크해야 합니다. 개인 자금이 빠지기 전에 연기금 같은 장기 자금이 들어와야 합니다. 정부가 연기금의 코스닥 투자 비중을 확대하겠다고 했는데, 실제로 집행이 빠르게 이뤄지는지가 관건입니다.

둘째, 정부의 시장 개혁 조치가 제때 실행되는지 보십시오. 코스닥 상장 기업의 퇴출 기준이 대폭 강화될 예정입니다. 주가 1,000

원 미만 동전주를 상장 폐지 요건에 새로 포함하는 것이 핵심입니다. 이에 따라 2026년 코스닥 상장 폐지 대상 기업이 기존 예상 50여 개에서 최대 150~220개까지 늘어날 수 있습니다. 현재 코스닥에 상장된 1,822개 종목 중 동전주는 170여 개로 전체 10%로 추산됩니다. 이 개혁이 실제로 실행되면 남은 종목들에 자금이 집중되어 주가가 상승할 것입니다.

셋째, 코스닥 기업들의 실적이 뒷받침되는지 보십시오. 예를 들어 로봇 관련 코스닥 기업이 실적을 내려면 누가 로봇을 사야 할까요. 일단 정부가 사야 합니다. 정부가 정책 자금 등을 통해 로봇, AI, 방산 기업 등에 실제 판로를 열어줘야 '코스닥은 비싸다'는 꼬리표를 떼고 주가가 오를 이유를 가질 수 있습니다. 코스피 1만 포인트를 가는 것보다 코스닥 3,000포인트가 더 어렵긴 합니다. 하지만 시장 개혁, 연기금 유입, 기업 실적이 뒷받침된다면 충분히 가능한 목표입니다.

Q3 | 한국 기업의 밸류업, 정말 잘될까요?

결론을 말하면 '됩니다'. 그런데 어떻게 되느냐가 중요합니다. 일본은 밸류업에 10년 이상이 걸렸습니다. 대한민국은 5년 안에 해낼 수 있다고 생각합니다. 그 이유는 앞에서도 말씀드렸습니다. 이미 예상 답안지를 보고 푸는 시험 같은 것입니다.

그런데 성공의 핵심은 지금 열린 역사적 변환기에 한 번의 실기도 없어야 한다는 것입니다.

2025년 8월을 기억해봅시다. 대주주 양도세 기준 완화 관련해서 정부의 입장이 흔들렸습니다. 그러자 이후 한 달 동안 코스피가 횡보했습니다. 시장은 정부의 메시지에 그만큼 민감합니다. 시장이 주는 신호는 일관되고 분명해야 합니다. 한 번이라도 흔들리면 안 됩니다.

정부가 자본 시장 개혁 조치와 기업 밸류업에 강한 의지가 있고 국민들이 관심을 보이고 있는 만큼, 이미 좋은 신호들이 나타나고 있습니다. 2026년 1월 중복상장 논란에 결국 LS그룹이 에식스솔루션즈 상장 신청을 철회했습니다. 자사주 소각도 대형주들이 이끌고 있습니다. 대신증권도, SK하이닉스도 자사주 소각을 발표했습니다. 국민들이 두 눈 뜨고 지켜보고 있으니 이런 일들이 일어나는 것입니다.

밸류업의 핵심 과제들이 있습니다. 자사주 의무 소각, 물적 분할 금지, 의무 공개 매수 등 아직 개혁해야 할 굵직한 과제들이 10개는 더 있습니다. 이것들이 매해, 매분기마다 착착 실행되는 모습을 보여야 합니다.

개혁에는 항상 상대방이 있습니다. 기존의 관행대로 하고자 하는 재벌이 반발합니다. 기업 관련 이익 단체들이 교묘하게 방해합니다. '상속세 규정을 안 바꾸면 나라를 떠나겠다'는 식의 압박을 넣습니다. 정부와 여당이 이런 압력에 흔들려 개혁이 타협되거나 지연되면 시장에 대한 기대와 신뢰가 한 번에 무너질 수 있습니다.

결론은 이것입니다. 일본처럼 해낼 수 있는 것은 분명합니다. 그리고 일본보다 빠르게 할 수 있습니다. 단, 투자자 여러분들이 감시자가 되어야 합니다. 정부가 재벌 편이 아니라 투자자들의 편에서 이 과정을 끝까지 밀고 나가도록 우리가 지켜봐야 합니다.

Q4 | 미장이냐 국장이냐? 그것이 문제로다

이 질문을 하는 분들은 이미 마음속에 '국장은 안 되고, 미장은 계속 오른다'는 신념을 깔고 있습니다. 그런데 저는 그 신념이 '지금은' 틀렸다고 말씀드립니다. 지난 3~4년간 미국 시장이 드라마틱하게 좋았던 것은 맞습니다. 한국 경제가 부진하고 국내 주식 시장이 힘들었던 것도 맞습니다. 환율이 말해주는 것처럼 원화 자산은 점점 더 힘을 잃어가는 것 같고, 나의 모든 자산을 달러에 맞춰야 할 것 같았습니다. 그래서 많은 투자자들이 미국으로 건너갔습니다. 이해합니다. 그것은 어떤 측면에서는 영리한 판단이었을 수도 있습니다.

그런데 2025년 한국은 세계 주식 시장 수익률 1위였습니다. 2026년 초에도 1위입니다. 정말 영리한 투자자라면, 미국인이 아닌 이상 수익률이 더 좋은 시장으로 움직여야 합니다. 지금 한국으로 돌아오지 않는 것은 고집입니다. 미국 사회를 한번 보십시오. 트럼프 정부가 이민자들을 단속하는 행태, 미국 시민들의 생활 수준, 다른 나라들을 대하는 방식을 보면 세계 최고의 선진국이라는 그 위치는 무너지고 있습니다. 경제도 정치도 위태롭게 만드는 부분이 많습니다.

반면 한국은 경제도 정치도 좋아지려 하고 있습니다. 게다가 우리나라는 결정적인 장점이 있습니다. 지금 돌아오면 환차익을 기대할 수 있습니다. 국장으로 돌아오면 세금 혜택도 준다고 합니다. 정부가 2026년 1월부터 국내 장 복귀 계좌라는 제도를 발표하기까지 하는 상황입니다. 이게 RIAReshoring Investment Account입니다. 해외 주식을 팔고 원화로 환전해서 국내 주식에 1년 이상 투자하면 해외 주식 양도소득세를 감면해주는 제도입니다.

"S&P500은 장기적으로 보면 늘 오른다", "지난 30년을 봐라"는 말도 맞지 않습니다. S&P500도 10년 이상 횡보한 시기가 있었고, 그 구간에 갇힌 투자자들은 손해를 봤습니다. 더 중요한 것은 사람은 30년을 기다릴 수 없다는 사실입니다. 집을 사야 하고, 자녀 학비를 내야 하고, 차를 바꿔야 합니다. 결국 중간에 팔게 됩니다.

이 질문에 대한 답변에서 추가로 말씀드리면 우리가 포트폴리오를 짤 때는 생애주기별로 필요한 수익도 고민해야 합니다. 보통 인생에서 돈이 많이 들어갈 때가 40대입니다. 결혼하고 아이를 낳고 교육을 시키는 시기입니다. 50대부터는 은퇴를 준비해야 합니다. 적은 금액이라도 꾸준히 추가 수입이 발생하는 구조를 만들어야 합니다.

이런 생애주기에 맞추어 쓸 비용을 생각하면서 시장을 선택해야 합니다. 나는 30년 내내 보유만 할 거라는 생각, 30년 뒤에는 대박이 터질 거라고 생각하면서 무조건 들고 있는 것은 어리석은 일입니다. 게다가 내가 투자한 기간이 드라마틱한 상승 구간이 아니라면, 미국 시장의 30년 평균 수익률은 내 수익률이 아닙니다.

미국 시장도 30년 동안 계속 올랐던 게 아니라, 극적으로 상승했던 시기가 몇 번 있었습니다. 대세 상승장이 전체 평균을 이끈 겁니다. 그런 시기에 들어가야 합니다. 지금 한국 시장이 바로 그런 시기에 들어서고 있습니다.

물론 구글, 엔비디아 같이 전 세계를 이끄는 특정 기업을 좋아해서 연구하고 투자하는 것은 괜찮습니다. 이것은 개별 기업의 이야기입니다. 그러나 미국 시장 전체가 무조건 더 낫다는 믿음은 지금 이 시점에서 고집입니다. 똑똑한 투자자는 신념이 아닌 수익을 따라 움직여야 합니다.

Q5 | AI 거품론 등 미래가 무서워서 못하겠어요

AI 거품론, 대폭락 임박, 주식 붕괴, 미국 전쟁 임박설···. 이런 우려 때문에 투자를 하기가 두렵다는 분들이 계십니다. 그 걱정을 이해합니다. 하지만 이런 위험 요소를 항상 지켜보고 살펴보는 것이 투자입니다. 투자한 다음에 안전하게 마음 편하게 100% 상승하기만 하는 투자는 없습니다.

일단 그 걱정 자체가 합리적인지 생각해보십시오. 사랑하는 자식을 학교에 보내면 걱정이 됩니다. 오늘 친구들과 잘 지내는지, 교통사고의 위험은 없을지, 저녁에 무탈하게 집에 잘 들어오는지가 걱정됩니다. 그렇다고 자식을 학교에 안 보내지는 않습니다. 그게 부모의 역할이고, 그 위험을 살피는 것이 곧 사랑입니다.

주식도 마찬가지입니다. 위기가 올 수도 있고, 전쟁이 날 수도 있고, AI가 거품이라는 이야기가 나올 수도 있습니다. 그런 것들을 살펴보고 거기에 따른 대응 방법을 연구하는 것이 투자입니다. 문제는 그것이 무서워서 시작조차 못 한다는 것입니다. 그건 말이 안 됩니다.

일단 위기가 발생하면 그때 대응하면 됩니다. 여기서 한 가지 더 말씀드립니다. 위기가 오면 오히려 기회도 있습니다. 고령화 사회가 우리 모두에게 걱정이지만 동시에 실버 산업, 헬스 케어 관련 주식은 오를 수 있습니다. 이것이 투자입니다.

정부 정책의 연속성을 걱정하는 경우도 있습니다. 다음 정부에서 경제를 또 망치면 어떻게 하냐고 걱정하십니다. 아직 4년이나 남았습니다. 그 걱정 때문에 지금 4년을 통째로 버릴 이유가 없습니다.

그 어떤 위기설도 이유가 되지 않습니다. 시나리오를 생각해두고, 그 신호가 오면 바로 대응하면 됩니다. 위기를 생각하는 것은 좋습니다. 그렇지 않으면 실제 위기가 왔을 때 당황해서 최악의 선택을 하게 되기 때문입니다. 그러나 걱정하느라 투자할 시간을 버리지 마십시오.

Q6 │ 금, 은, 코인 투자는 어떻게 해야 하나요?

기본적으로 금, 은, 코인 투자에 대한 개념을 정리해봅시다. 전통적으로 금은 안전자산입니다. 경제가 어려울 때 도망가는 피난처였습니다. 은은 금의 아류라고 보면 됩니다. 코인이 처음 등장했을 때의 성격은 '디지털 금'이라고 할 수 있습니다. 코인은 탈중앙화, 안전

자산 대체재라는 개념을 가지고 있었습니다.

그런데 현재는 전통적인 문법이 깨졌습니다. 코인은 탈중앙화 안전자산이 아니라, 가장 변동성이 심한 투기자산이 되어버렸습니다. 이미 제도권 자금이 들어온 투자 상품입니다. 미국에서 현물 비트코인 ETF가 승인됐고, 월스트리트 자금이 늘어오면서 파생 거래도 엄청납니다. 이제는 증시의 선행 지표 역할을 합니다. 코인이 올라가면 증시가 올라가고, 코인이 먼저 빠지면 증시도 뒤를 따릅니다. 금도 예전과 다릅니다. 투기적 거래가 붙어 있습니다. 은도 마찬가지입니다.

결론은 이것입니다. 금, 은, 코인은 이제 전통적 의미의 대체 투자 자산이 아닙니다. 주식보다 더 큰 변동성을 가진 시장입니다. 때문에 파생 상품을 하라고 추천하는 것과 다를 바 없습니다. 초보자와 중급 이하 투자자에게는 추천하지 않습니다. 안전자산이라고 생각하고 금 시장에 들어갔다가 투기꾼들의 변동성에 휩쓸리는 것이 더 위험합니다.

물론 자산이 많은 사람이 투자 자산 배분 차원에서 금에 투자하거나, 코인 시장에 들어가는 것은 가능합니다. 이런 것이 분산 투자입니다. 자산 규모가 매우 큰 분들이 감당할 수 있습니다. 이미 자산을 많이 형성해놓은 분들이 아니라 수익을 늘려갈 목적이라면 금, 은,

코인 투자를 공부하시는 노력으로 주식 시장을 더 깊게 파고드는 게 낫다고 판단됩니다.

Q7 | 진짜 중요한 정보일까요? : 인과관계와 상관관계

공부도 하고, 공시자료도 보고, 각종 리포트도 찾아보는데 막상 이 정보가 정말 중요한 것인지, 금방 사라질 단순 호재인지 모르겠다는 분들이 많습니다. 이때 인과관계와 상관관계를 구분할 줄 알아야 합니다. 인과관계만이 투자에서 중요합니다.

인과관계를 쉽게 말하면 스위치를 켜면 불이 들어오는 것입니다. 즉각적입니다. 직접적입니다. 원인이 있으면 반드시 결과가 따라오는 것입니다. 이런 정보는 투자에 적극 활용해야 합니다.

상관관계는 다릅니다. 아이스크림이 많이 팔릴수록 익사 사고가 늘어난다는 통계가 있습니다. 그렇다고 아이스크림이 익사 사고의 원인일까요? 아닙니다. 여름에 더워서 아이스크림도 많이 팔리고, 수영도 많이 하다 보니 익사 사고도 늘어나는 것입니다. 아이스크림과 익사 사고는 상관관계이지 인과관계가 아닙니다.

주식 시장에서는 이런 함정이 많습니다. 특정 주가 지표와 어떤 경제 지표가 같이 움직인다고 해서, 그 지표가 주가를 움직이는 원인이라고 단정하면 안 됩니다. 좋은 정보를 판단하는 기준은 이것입니다. 이 정보와 주가 상승 사이에 직접적인 인과관계가 있는가? 그 원인이 분명하고, 결과가 필연적인가? 그렇다면 가중치를 높이 두십시오.

기업의 가치를 높이는 데 직접적 인과관계가 없는 정보, 사람들을 계속 불러 모을 요인이 아닌 정보, 확실하게 실현이 될 가능성이 적은 정보, 이런 정보들은 상관관계에 불과합니다. 이런 정보들을 가지고 투자하는 것은 유의해야 합니다. 이런 정보를 활용하더라도 투자의 가중치를 낮추어야 하고, 정보의 성격을 정확히 알고 투자해야 합니다. 항상 말씀드리지만 정보를 많이 모으는 것보다, 좋은 정보와 나쁜 정보를 구분하는 안목이 더 중요합니다.

Q8 | 과대 정보에 속지 않으려면 어떻게 해야?

과대 포장, 과대 평가가 있듯이 과대 정보가 있습니다. 주식 시장에는 이런 정보들이 많습니다. 예를 들어 어떤 회사가 로봇 테마주로 떠오릅니다. 엄청나게 주목받는 기술을 발표했고, 이로 인해 거대한 투자금을 유치할 계획이라는 소식이 들립니다. 이것이 과대 정보인지 아닌지 어떻게 알 수 있을까요.

주식 투자를 하려면 공부해야 한다고 강조하는 이유가 여기에 있습니다. 생각보다 훨씬 깊이 확인해야 합니다. 알고 보면 일반 기계 부품 회사인데, 회사명에 '로보틱스'를 붙이고 로봇 관련 사업을 한다고 덜컥 발표만 한 것이라고 생각해보십시오. 기술자도 없고, 연구 시설도 변변치 않습니다.

바이오 섹터에서 이런 경우들이 종종 발견됩니다. 미국 유명 학회에 참석해서 중요한 연구 결과를 발표했다는 소식이 퍼집니다. 그 학회를 직접 확인해보면 어떨까요? 대다수가 이름도 잘 모르는 학회일 수도 있습니다. 신약 발표 설명회를 했다는 사진이 나옵니다. 행사장에 엑스배너를 하나 세우고 포스터 하나 붙인 것이 전부인 경우도 있습니다.

정말 공신력 있는 곳에서 인정을 받은 것인지, 잠깐이라도 검색을 해보면서 확인해야 합니다.

공시 기준에 딱 맞추어 계약이나 연구 협력을 맺었다는 발표가 나기도 합니다. 사람들은 대규모 프로젝트가 가동되는 줄 압니다. 그리하여 주가가 올라갑니다. 하지만 실제 내용은 서로 협력하겠다는 양해각서, MOU 수준에 불과합니다. 나중에 보면 제대로 된 성과도 없습니다. 그러나 이때가 되면 사전에 물량을 확보해뒀다가 수익을 실현한 세력들은 빠져나가고 없습니다.

과대 정보가 아닌지 어디까지 알아봐야 할까요. '할 수 있는 한 최대한'이 정답입니다. 신기술이 있는 회사라면 이사회 구성원까지 알아보지 않을 이유가 없습니다. 이사회 안에 기술 전문가가 있는지, 투자금 회수 시점이 된 벤처 펀드 관계자들이 이사회에 들어와 있는지 보십시오. 펀드가 투자한 지 3년이 지나서 회수해야 할 시점이 되면, 주가를 부양하기 위한 이런저런 발표가 나오는 경우가 있습니다.

결론은 이것입니다. '~한다더라'로 끝나면 안 됩니다. 진짜 기술이 있다는 사실, 실제 매출이 나오고 있다는 것까지 확인해야 합니다. 공부를 대충 하고 알아봤다고 착각하는 것이 가장 위험합니다.

Q9 | 들어가자마자 −10%이면 빼야 하나요?

이 질문 자체에 이미 답이 들어 있습니다. 죽어도 지켜야 하는 손절 원칙을 말씀드렸습니다. 손절은 예외 없는 원칙입니다. 문제는 이런 것이죠. 사자마자 10%씩이나 빠지는 그 종목은 처음부터 잘못 고른 것입니다.

저는 역설적인 이야기를 하고 싶습니다. 돈을 벌려고 투자하지만, 사실은 돈을 잃지 않으려는 관점으로 투자해야 합니다. 잃지 않으려는 투자를 해야 역설적으로 가장 많이 벌게 됩니다. 반대로 한 번에 왕창 벌려고 들어가면 잃습니다.

왜 −10%가 갑자기 발생하느냐. 어떤 종목이 하루에 15% 오릅니다. 그다음 날도 15% 오릅니다. 그걸 보고 뒤늦게 쫓아 들어가면 조정이 와서 10%는 물론 그 이상도 빠질 수 있습니다. 이런 종목을 처음부터 고르지 않았어야 합니다. 삼성전자 같은 종목은 미국 증시가 폭락해도 15%가 하루에 빠지지 않습니다. 그런 종목을 처음부터 고르면 이런 고민 자체가 없습니다.

들어가자마자 −10%가 되는 데는 두 가지 이유가 있습니다. 하나는 변동성이 큰 테마주, 투기적 종목을 고른 것이고, 다른 하나는 시장 전체가 빠지는 상황인데 그 이상으로 빠진다면 그 종목이 지수보다 더 약하다는 신호입니다.

어쨌든 들어가면 오르거나 내리거나 합니다. 이럴 때 판단하기 위한 원칙은 있습니다. 시장 전체 지수가 −5%로 내려갔는데 내 종목이 −15%가 되었다면 그 종목은 문제가 있는 것입니다. 손절하는 것이 맞습니다.

반대로 제대로 된 종목을 보유하고 있다면 시장이 흔들릴 때 주가가 함께 일시적으로 빠지는 것은 감당할 수 있습니다. 시장이 회복되면 같이 회복될 테니까요.

처음부터 도박에 가까운 변동성이 큰 종목에 판돈 걸듯 베팅하지 말고, 잃지 않을 수 있다는 확신을 주는 탄탄한 종목을 골라야 합니다. 그것이 제대로 된 투자입니다.

Q10 | 퇴직연금 기금화는 정말 될까요?

퇴직연금에 무심했던 분들은 지금 바로 관심을 가져야 합니다. 여러분의 노후가 지금 이 순간에도 갉아 먹히고 있을 수 있습니다. 현재 퇴직연금의 구조를 먼저 이해하셔야 합니다. 지금 퇴직연금은 회사와 금융기관의 1 대 1 계약입니다. 회사가 DB형(확정급여형)이나 DC형(확정기여형)을 한 번 선택하면, 개인이 바꾸기 어렵습니다.

문제는 수익률입니다. DB형 퇴직연금 중 많은 곳이 채권형 상품에 묶여 있습니다. 2025년에 채권 시장이 매우 어려워졌습니다. 2026년에도 채권 시장은 어렵습니다. 반면 DC형으로 코스피200 ETF에라도 퇴직연금을 담고 있었던 분들은 수익률이 80% 이상이었다는 사례도 있습니다.

이것이 무슨 의미인지 아십니까? 매월 100만 원씩 퇴직금이 쌓인다고 할 때, A는 1년 후 1,200만 원 그대로지만, B는 수익률에 따라 2,000만 원 이상이 될 수도 있습니다. 퇴직연금이기 때문에 그

복리 효과가 더욱 강력합니다. 단순히 금액만의 차이가 아니라 수년치 노동이 차이가 납니다.

지금 정부가 퇴직연금 개혁을 추진하고 있습니다. 퇴직연금 의무화, 기금화 촉진 등 다양한 조치가 논의 중입니다. 이것은 반드시 실행되어야 합니다. 하지만 제도 개선만 바라고 기다리지만 마십시오. 지금 당장 본인 회사의 퇴직연금이 어떻게 운용되고 있는지, 수익률은 어떤지 확인하십시오. 관리가 잘못되고 있다면 회사에 문제를 제기해야 합니다. 불편하더라도 말해야 합니다. 본인의 노후가 걸린 일입니다.

Q11 | 나만 아는 이상한 종목 찾지 말라

많은 분들이 남들이 잘 모르는 종목에 대해 여쭤봅니다. 가령 이런 식입니다. "북극항로 개발이 활성화되면 특수 장비선 수요가 늘어난다고 합니다. 이 장비선에 사용되는 특수한 장비를 납품하는 회사가 있는데, 지금 저평가되어 있습니다. 이 회사 주식을 사면 더 많이 오르지 않을까요?"

조선 업종에 투자하고 싶다면 HD현대중공업, 한화오션, 삼성중공업 같은 대장주를 사면 됩니다. 그런데 왜 꼭 이런 종목을 사야 할까요. 틀린 선택이라고 말하는 것은 아닙니다. 그러나 주식 투자는 기본적으로 인기 투표라고 설명했습니다.

우리가 가게를 개업한다고 해봅시다. 역세권에 대로변에 있는 가게를 구할 수 있는데, 굳이 골목 안쪽 비밀스러운 곳에 가게를 구하는 것과 같습니다. 대장주는 시장 전체가 오르면 먼저 오르고, 팔 때도 유동성이 있어서 팔기 쉽습니다. 시장 전체가 떨어질 때도 방어가 됩니다.

앞에서 예를 든 기업의 경우는 복잡합니다. 특수 장비 회사가 뜨려면, 일단 장비선 수주가 늘어나고, 그 특수 장비에 대한 수요가 입증되고, 그 회사가 실제 납품처가 된다는 것이 확인되어야 합니다. 인과관계의 단계가 너무 많습니다.

'나만 아는 저평가 보석을 발굴하겠다'는 심리의 함정입니다. 그 종목이 보석일 수는 있습니다. 그러나 다른 사람들이 인정해주지 않는다면, 나만의 보석을 품에 안고 끝내 빛도 못 보고 사라지는 경우가 더 많습니다.

물론 간혹 소형주 중에서도 대장주의 이점을 충분히 감안하더라도 특화된 경쟁력이 있는 종목이 있습니다. 하지만 그것은 철저히 검증하고 확신이 있을 때의 이야기입니다. 원칙은 단순합니다. 기본적으로 상승장에서는 주도 업종의 대장주를 사십시오. 혼자 공부해서 깊이 파고든 이상한 종목 찾으러 다니지 마십시오. 그러다 좋은 시장에서 수익을 낼 기회를 잃습니다.

Q12 | 분할 매수, 분할 매도는 언제나 옳은가요?

결론부터 말하면 분할 매수, 분할 매도는 최선의 방법이 아닙니다. 최악을 피하는 방법입니다. 최선은 좋은 종목을 제일 낮은 가격에 사서 제일 높은 가격에 파는 것입니다. 사실 이걸 누가 몰라서 안 하는 게 아닙니다. 제일 높은 가격에 사서 제일 낮은 가격에 팔게 될까 두렵습니다. 그래서 최악을 피하기 위해 여러 번 나누어 사고팝니다. 최악의 타이밍에 한 번에 사거나 파는 것보다는 평균 단가가 유리해집니다. 그 목적으로 하는 것입니다.

분할 매수, 분할 매도는 본인의 자금 사정과 관련이 있습니다. 매월 월급을 받고, 그중에서 여유 자금이 생겨서 투자하는 직장인이라면 분할 매수가 자연스럽습니다. 매달 조금씩 일정 금액을 넣어야 할 것입니다. 시장이 좋을 때도, 나쁠 때도 꾸준히 사면 장기적으로 평균 단가가 안정됩니다.

하지만 충분한 자본이 있는 분이 최선의 타이밍이라고 판단할 때는 주저할 필요가 없습니다. 분할 매수를 해야 한다는 원칙이 있는 것이 아닙니다. 지금이 제일 낮다고 판단되거나 분명히 상승이 확실하다면 한 번에 매수하시면 됩니다. 분할 매수, 분할 매도가 최신은 아닙니다. 불확실성에 대응하는 차선책입니다. 확신이 있으면 집중해서 매수·매도하고, 불확실하면 나누는 것입니다. 상황에 맞게 판단하면 됩니다.

Q13 | 커버드콜 ETF 같은 상품을 해도 되나요?

모르는 상품은 하지 마십시오. 이것이 첫 번째 원칙입니다. 커버드콜, 레버리지 2배, 인버스, 각종 이름의 ETF들이 있습니다. 이름 자체를 찬찬히 살펴보면 어떤 상품인지 이해가 되지만 일단 용어 자체가 낯설기도 하고, 이름의 의미를 이해한다 해도 수익성에 대해 일반인이 판단하기가 힘듭니다.

쉽게 말씀드리면 이름이 복잡하다는 것은 특정 조건에서만 작동하도록 설계된 상품이라는 뜻입니다. 특정 구간, 특정 섹터, 특정 시장 환경이 조합되어야 수익이 납니다. 그 이름 안에 그 조건이 들어 있습니다.

예를 들어 커버드콜 ETF를 봅시다. 주식을 보유한 상태(covered)에서 주가가 오르면 수익을 포기하며 매도하겠다는 약속을 하고, 이에 따라 옵션 프리미엄을 받는 것입니다. 주가가 제자리걸음이거나 아주 조금만 오를 때, 미리 받은 수익권 판매 수수료를 챙겨서 투자자들에게 월배당으로 나눠주는 것입니다. 커버드콜 ETF는 시장이 횡보할 때 유리합니다. 옵션 프리미엄을 받는 대신, 시장이 크게 오를 때의 상승 이익을 포기하는 구조입니다. 손실이 날 때는 일반 ETF보다 손실이 더 커질 수 있습니다.

그러면 이 상품이 필요한 사람이 얼마나 될까요? 지금 시장은 당분간 횡보할 것 같고, 약간의 수익을 안정적으로 가져가고 싶다는 상황이 딱 맞아야 합니다. 그런데 삼성전자의 주가가 3배 오르고 있는 상황에서 왜 커버드콜 ETF가 필요할까요.

복잡한 상품일수록 유리한 구간이 좁습니다. 그 구간을 정확히 판단할 수 있다면 사용해도 좋습니다. 그런데 그 판단을 할 수 있는 분이라면 이미 이 질문을 하고 있지 않을 겁니다. 복잡한 상품에 분산 투자하면 더 안전할 것 같다는 생각도 오해입니다. 모든 복잡한 상품이 항상 수익을 내주는 것이 아닙니다. 이름이 복잡하면 복잡할수록, 그것이 유리한 특정 조건이 반드시 있습니다. 그 조건이 언제 오는지, 지금이 그 조건인지 모른다면? 본인이 자신할 수 없다면 하지 않는 것이 좋습니다. 모르는 것은 안 하는 게 투자의 원칙입니다.

Q14 | 장기 전망, 연간 전망. 챙겨봐야 하나요?

당연히 봐야 합니다. 단, 어떻게 활용하느냐가 중요합니다. 장기 전망, 연간 전망을 보는 이유는 다양한 시나리오를 미리 생각해두기 위해서입니다. 가뭄 끝에 비가 올 수도 있고, 긴장이 고조되다가 전쟁이 날 수도 있습니다. 금리가 내리다 말고 갑자기 하반기부터 오를 수도 있습니다. 이런 경우의 수를 미리 생각해두면 실제로 그 상황이 왔을 때 당황하지 않고 대응할 수 있습니다. 행동 요령이 머릿속에 있기 때문입니다.

생각해두지 않으면 어떻게 됩니까? 위기가 닥쳤을 때 혼란스럽고, 그 혼란 속에서 최악의 판단을 합니다. 아무 이유 없이 패닉에 빠져 매도를 하게 되고, 반대로 아무 이유 없이 묻지 마 매수를 합니다.

전망을 보는 건 필요한데, 잘못 활용하면 안 됩니다. 누군가 좋은 전망을 내놓았으니 지금 사야 한다고 결심하거나, 나쁜 전망이 나왔으니까 지금 팔아버리려는 것은 좋지 않습니다. 전망은 미래 예측입니다. 예측하는 것이지 실현이 아닙니다. 맞을 수도 틀릴 수도 있습니다. 그것을 투자 결정의 이유로 삼으면 안 됩니다.

전망을 보는 올바른 태도는 이것입니다. 이런 상황이 오면 나는 이렇게 하겠다는 행동 기준을 미리 만들어두는 것입니다. 사이렌이

울렸을 때 이미 알고 있는 사람과 처음 듣는 사람의 대응 속도는 전혀 다릅니다.

Q15 | 지표가 너무 많은데, 하나만 찍는다면?

재무제표, 공시자료 등을 보면 너무 많은 지표가 있다고 힘들어합니다. 딱 하나만 봐야 한다면 바로 수출입니다. 우리나라는 수출로 먹고삽니다. 이 사실은 수십 년이 지나도 변하지 않았고, 앞으로도 변하지 않을 겁니다.

코스피 지수와 평균 수출액 그래프를 겹쳐 보면 놀랍도록 일치합니다. 2000년부터 지금까지 그 흐름이 맞아 있습니다. 개별 기업도 마찬가지입니다. 그 기업이 수출하는 기업인지, 수출 성과가 좋아지고 있는지, 새로운 수출 시장이 열리고 있는지를 가장 먼저 봐야 합니다.

지금 코스피 시장을 선도하는 반도체 기업도 모두 수출로 인한 실적입니다. 바이오도 수출이고, K-푸드인 삼양라면의 해외 판매도 수출입니다. 수출이 증가하는 업종, 새로운 수출 국가가 생긴 기업에 투자하는 것이 수익 실현 가능성이 높습니다.

정말 결정적인 판단을 해야 한다면 우리나라 기업에서는 수출 관련 지표가 가장 강력한 선행 지표입니다.

Q16 | 정보지, 투자방을 어떻게 믿나요?

생전에 인맥도 없는 사람이 여러분에게 좋은 정보를 공짜로 주지 않습니다. 좋은 정보는 남에게 주지 않습니다. 자기가 사면 그만입니다. 그러면 왜 좋은 정보를 수많은 사람들에게 전달할까요? 목적이 있습니다.

흔히 지라시라고 하는 정보지, 투자방 등은 몇 가지 패턴이 있습니다. 우선 화려한 수익 인증 사진이 올라옵니다. 그러나 그 사진을 믿을 수 있을까요? AI로 가짜 계좌 화면을 얼마든지 만들 수 있습니다. 그 방에 모인 사람들이 모두 실명일까요. 대다수가 익명 혹은 가명으로 활동합니다. 나중에 문제가 생겨도 책임질 사람이 없습니다.

이런 곳의 수익 구조는 단순합니다. 많은 회원을 모아서 특정 종목을 추천하면, 그 물량이 한꺼번에 들어오면서 주가가 일시적으로 올라갑니다. 추천했던 세력은 이미 그 전에 물량을 사두었다가 추천 후 올라가면 팝니다. 여러분이 들어오면 그들이 빠지는 구조입니다. 물론 이와 같은 패턴에는 한계가 있습니다. 오래가지 못합니다. 하지만 그 전에 여러분이 먼저 피해를 봅니다.

코스피 1만 시대, 전 국민 주주 시대는 이런 방식으로 오지 않습니다. 혹여 그 방에서 주는 정보 하나로 대박이 나는 종목을 맞혀서 돈을 벌었다고 해도 그 접근법이 옳은 것이 아닙니다. 언제까지 그렇게 기웃거리며 남의 정보에 의존해서는 오래 부자로 남는 투자자가 될 수 없습니다. 초기에 잠깐 힘들어도 자기 자신의 공부와 판단으로 주체적으로 투자하는 사람이 되어야 합니다. 그것이 초기에 덜 잃으면서 장기적으로 더 많이 버는 진짜 투자자가 되는 길입니다.

에필로그

주식 투자를 하면 평범한 사람들도 세상을 보는 눈을 뜨게 됩니다. 이것이 제가 꼭 드리고 싶은 말씀입니다. 주류 업체의 주가를 한번 보십시오. 예전에 비해 좋지 않습니다. 왜일까요? 요즘 음주 문화가 달라졌기 때문입니다. 회식 문화가 변했습니다. 예전처럼 2차, 3차, 새벽까지 달리는 문화가 사라졌습니다. 그러니 주류 판매량이 줄고 실적이 빠지고, 주가도 부진합니다.

주식 한 주를 갖고 있으면 세상이 다르게 보이기 시작합니다. 길거리를 걷다가 어떤 가게가 잘되고 있는지, 어떤 업종이 사람이 붐

비는지, 어떻게 트렌드가 바뀌고 있는지를 자연스럽게 살펴보게 됩니다.

카페에서 커피를 마실 때, '이 브랜드는 앞으로 어떻게 될까'를 생각하게 됩니다. 커피를 사러 오는 사람들을 관찰하게 됩니다. 여행을 가면 '이 항공사의 예약이 꽉 찼는데 다른 곳보다 꽉 찬 이유는 뭘까? 예약이 꽉 찼는데 실적은 정말 좋을까'라는 생각이 듭니다. 이런 생각이 쌓이면 투자 안목이 생기고, 세상의 이면을 파악하는 통찰이 생깁니다.

돈을 버는 것을 넘어 경제와 사회의 흐름을 읽는 능력이 생깁니다. 뉴스를 볼 때도 길을 걸을 때도 소비를 할 때도 세상을 보는 눈이 달라집니다. 이것만으로도 주식 투자를 할 이유가 충분합니다.

제가 권하는 주식 투자는 악착같이 자산을 모으기만 하는 그런 투자가 아닙니다. 간혹 '주식을 사서 모으기만 하고 있어서 힘들기만 해요'라는 분들이 계십니다. 그 마음을 충분히 이해합니다. 그 힘듦을 해결하는 방법이 있습니다.

3,000만 원을 투자했는데 5,000만 원이 됐다고 합시다. 그런데 그 돈을 한 번도 써보지 못하고, 4,000만 원으로 줄었다가 다시 5,000만 원이 됐다가를 반복하고 있습니다. 부자가 됐는지조차 모

르겠고, 즐거움도 없고, 그냥 숫자만 바뀌는 것 같습니다.

저는 여러분이 오래 투자하는 투자자가 되시길 바랍니다. 오래 지속하려면 즐거움이 있어야 합니다. 5,000만 원이 되었을 때, 200만 원을 빼서 가족과 여행을 다녀오십시오. 부모님께 필요한 것들을 사드리세요. '투자 덕분에 이런 것도 할 수 있구나'라는 경험이 쌓여야 투자를 더 오래 잘할 수 있습니다. 모으기만 하다 지쳐서 결국 최악의 타이밍에 다 팔아버리는 것보다 조금씩 즐기면서 오래가는 것이 훨씬 낫습니다.

주식은 단거리 달리기가 아닙니다. 마라톤입니다. 마라톤을 완주하려면 중간중간 물도 마시고, 에너지도 채워야 합니다. 그렇게 해야 끝까지 갑니다. 물론 수익이 조금 났다고 바로바로 돈을 쓰면 안 됩니다. 그러나 의미 있는 이유가 있을 때, 수익의 일부를 삶의 즐거움에 쓰는 것은 오히려 장기 투자를 지속하는 데 도움이 됩니다.

*　*　*

투자에서 중요한 것은 시간입니다. 제가 이 책을 쓴 이유도 대한민국에 닥쳐온 대세 상승장이라는 특정 시간의 중요성 때문입니다. 투자는 시간이라는 무기, 정확히 말해 세상의 시간을 내 편으로 둘 수 있어야 합니다. 시장이 커지는 시간에, 특정 분야가 실적을 낼 때 내 자금도 같이 커져야 합니다. 대세 상승장을 맞은 지금의 한 달은 앞으로의 1년과 맞먹습니다.

이렇게 시간을 내 편으로 만들기 위해서는 압박이 있는 상태에서 투자를 하시면 어렵습니다. 몇 년 후 아파트 잔금을 치러야 한다, 몇 달 후 이사를 해야 한다 등 특정 날짜까지 돈이 필요하다는 마감 압박이 있는 상태에서 투자를 하면, 주식이 오를 때까지 기다릴 수 있는 무기를 스스로 버리기 쉽습니다. 아파트 대출금을 갚지 않고 그대로 두고 주식을 하는 것도 비슷합니다. 대출 이자라는 고정 비용이 발생하고 있고 상환 시점이라는 시간 제약이 있습니다. 주식 수익이 그 이자를 충분히 뛰어넘는다는 확신이 없다면 이미 불리한 조건에서 시작하는 것입니다. 내재 가치를 믿고 있고, 언젠가는 오를 것을 알고 있어도, 그 전에 돈이 필요해지면 어쩔 수 없이 팔아야 합니다. 팔아야 하는 시점에 주가가 좋을 수도 있고, 나쁠 수도 있습니다. 세상의 시간이 내 계획에 맞춰 움직이지는 않습니다.

세상의 시간을 내 편으로 만들고, 제대로 된 방법으로 작은 금액이라도 시작해서 수익을 얻을 방법을 이 책에 담았습니다. 눈덩이를 계속 굴려갈 수 있는 힘을 키우는 투자 패턴이 생기시길 바라는 마음이 간절합니다. 투자는 시간을 여유 있게 쓸 수 있을 때 가장 강력하고, 시간을 여유롭게 쓰기 위해서 제대로 방법으로 반드시 수익이 나는 투자를 해야 합니다.

보통의 사람들이야말로 좋은 투자자가 되어야 역으로 돈에 얽매이지 않는 삶을 살 수 있습니다. 좋은 투자로 우리 사회의 선순환이 만들어지기를, 그 변화의 한 축을 담당해주시길 바랍니다. 여러분 모두에게 행운과 노력에 대한 결실이 있으시길 진심으로 바라겠습니다.

좋은 습관을 만드는 주식 투자 일지

주식 투자 일지

날짜			
종목명		매도/매수	☐ 매도　☐ 매수
가격		수량	
총 금액		포트폴리오 비중	

왜 샀어?
- ☐ 톱다운　　　　　_______________ 이게 주도 섹터야
- ☐ 바텀업　　　　　_______________ 가족들이 다 찬성해
- ☐ 성장 기울기　　지금부터 _______________ 배는 오를 듯
- ☐ 저평가　　　　　앞으로 모멘텀 오면 터져
- ☐ 시장 에너지 몰림　이 섹터에 투자자들이 몰린다
- ☐ 기타

내 포트폴리오에서 위치는?
- ☐ 제일 위(고위험, 고수익, 빠른 상승)
- ☐ 중간(성장주, 수익 노림)
- ☐ 제일 아래(배당주, 안정형)

왜 팔았어?
- ☐ 손절(10% 빠짐)
- ☐ 고점 확인 어깨 도달
- ☐ 포트폴리오 / 섹터 교체
- ☐ 성장 기울기 꺾이는 중
- ☐ 시장 에너지 이동(다른 섹터로 투자자들이 가고 있다)
- ☐ 기타

실제 수익율　+_______________ %　　-_______________ %

내 멘털 체크
- ☐ 원칙 지켰어　　　　　　　☐ 아이고 흔들렸네
- ☐ 빚투하고 싶을 만큼 터졌다　☐ 물타기 하고 싶었다

깐깐한 검증
- ☐ 차트에서 지난 역사는 확인했어?　☐ 먹고는 사는지 빚은 없어?
- ☐ 지난 5년 경영에 큰 문제 없었어?　☐ 애널리스트들은 뭐래?

다른 기회는 있었나?　☐ 이 돈으로 다른 걸 샀으면 뭘 샀을까? _______________

주식 투자 일지

날짜			

종목명 | | **매도/매수** | ☐ 매도　☐ 매수

가격 | | **수량** |

총 금액 | | **포트폴리오 비중** |

왜 샀어?

- ☐ 톱다운　　　　　___________ 이게 주도 섹터야
- ☐ 바텀업　　　　　___________ 가족들이 다 찬성해
- ☐ 성장 기울기　지금부터 ___________ 배는 오를 듯
- ☐ 저평가　앞으로 모멘텀 오면 터져
- ☐ 시장 에너지 몰림　이 섹터에 투자자들이 몰린다
- ☐ 기타

내 포트폴리오에서 위치는?

- ☐ 제일 위(고위험, 고수익, 빠른 상승)
- ☐ 중간(성장주, 수익 노림)
- ☐ 제일 아래(배당주, 안정형)

왜 팔았어?

- ☐ 손절(10% 빠짐)
- ☐ 고점 확인 어깨 도달
- ☐ 포트폴리오 / 섹터 교체
- ☐ 성장 기울기 꺾이는 중
- ☐ 시장 에너지 이동(다른 섹터로 투자자들이 가고 있다)
- ☐ 기타

실제 수익율　　+___________ %　　　－___________ %

내 멘털 체크

- ☐ 원칙 지켰어　　　　　　☐ 아이고 흔들렸네
- ☐ 빚투하고 싶을 만큼 터졌다　☐ 물타기 하고 싶었다

깐깐한 검증

- ☐ 차트에서 지난 역사는 확인했어?　　☐ 먹고는 사는지 빚은 없어?
- ☐ 지난 5년 경영에 큰 문제 없었어?　☐ 애널리스트들은 뭐래?

다른 기회는 있었나?　　☐ 이 돈으로 다른 걸 샀으면 뭘 샀을까? ___________

주식 투자 일지

날짜			
종목명		매도/매수	☐ 매도　　☐ 매수
가격		수량	
총 금액		포트폴리오 비중	

왜 샀어?	☐ 톱다운	＿＿＿＿＿＿＿ 이게 주도 섹터야
	☐ 바텀업	＿＿＿＿＿＿＿ 가족들이 다 찬성해
	☐ 성장 기울기	지금부터 ＿＿＿＿＿＿＿ 배는 오를 듯
	☐ 저평가	앞으로 모멘텀 오면 터져
	☐ 시장 에너지 몰림	이 섹터에 투자자들이 몰린다
	☐ 기타	

내 포트폴리오에서 위치는?

- ☐ 제일 위(고위험, 고수익, 빠른 상승)
- ☐ 중간(성장주, 수익 노림)
- ☐ 제일 아래(배당주, 안정형)

왜 팔았어?

- ☐ 손절(10% 빠짐)
- ☐ 고점 확인 어깨 도달
- ☐ 포트폴리오 / 섹터 교체
- ☐ 성장 기울기 꺾이는 중
- ☐ 시장 에너지 이동(다른 섹터로 투자자들이 가고 있다)
- ☐ 기타

실제 수익율　　+ ＿＿＿＿＿＿＿ %　　　－ ＿＿＿＿＿＿＿ %

내 멘털 체크

- ☐ 원칙 지켰어　　　　　☐ 아이고 흔들렸네
- ☐ 빚투하고 싶을 만큼 터졌다　　☐ 물타기 하고 싶었다

깐깐한 검증

- ☐ 차트에서 지난 역사는 확인했어?　　☐ 먹고는 사는지 빚은 없어?
- ☐ 지난 5년 경영에 큰 문제 없었어?　　☐ 애널리스트들은 뭐래?

다른 기회는 있었나?　　☐ 이 돈으로 다른 걸 샀으면 뭘 샀을까? ＿＿＿＿＿＿＿

코스피 10000 NEXT LEVEL

초판1쇄 발행	2026년 3월 10일
초판5쇄 발행	2026년 4월 1일

지은이	박시동
펴낸이	김보경

편집개발	김지혜, 하주현
기획마케팅	박소영, 송성준
디자인	이승욱
영업	권순민
제작	한동수

펴낸곳	지와인
출판신고	2018년 10월 11일 제2018-000280호
주소	서울특별시 마포구 양화로 1길 29, 2층
전화	02-6408-9979
팩스	02-6488-9992
이메일	books@jiwain.co.kr

ⓒ	박시동, 2026

ISBN	979-11-91521-50-4